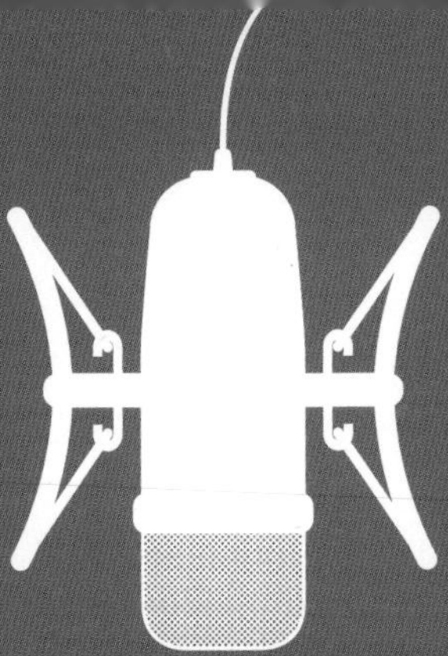

入圍的有
王牌配音員
賈培德

賈培德——口述作者

名人推薦

「醺醉，條理，叛逆與邏輯，不知為何能如此調和地顯現在德仔身上。」 ——羅毓嘉〔台灣新生代知名女作家（誤）〕

「我好怕德仔，他是個犀利的老實人。」

——豆子（中廣流行網Midnight You and Me主持人）

「這位骨灰級斜槓人生始祖，也該是時候分享他的才華、熱情和生活之間如何達到如此高端的理想平衡。」

——謝盈萱（劇場女神）

「臺灣人最熟悉的好聲音！感謝德仔這次不藏私，用一本好書，跟大家分享自己的人生與智慧。從配音到辯論，從婚姻平權，到社會觀察，體現了在不同位置都能積極參與公共事務的典範！」 ——蘇貞昌（前行政院長、民進黨黨主席）

自序

想了半天，還是決定自己來寫序。

這是本有點像自傳的書，雖然不是那種從童年身世寫起的傳記，但也涵蓋了我生命中的各個不同面向，找誰來寫序似乎都不是完全適合，自己的生命果然還是只有自己能下註腳。

出版社來找我的時候，我是著實大大的驚嚇了一陣，印象中都是政治人物、歷史人物跟名人們才會出傳記，像是《孫運璿傳》、《賈伯斯傳》之類的，我出自傳是有誰會想看呢？

從我的角度看自己的人生，一直都覺得除了運氣蠻好，上輩子應該做了很多善事之外，沒甚麼特別的。旁人覺得有趣的、厲害的、難得的經歷，對我來說大多都只是生活工作日常，所以我一直沒有辦法領會說崇拜我的、把我當偶像的、覺得我是名人的人們，心裡的想法與感受是甚麼。

這不是自謙，是真的理解不能，也感到困擾，因為我對待世界的方式與世界對待我的方式似乎有那麼一點不一樣。

所以，對於要不要出書這件事，我考慮了很久，擔心自己是不是不夠格，擔心讀者會失望，擔心書的內容沒辦法給這個世界太多。

但是，「出書」這件事有著強大的吸引力，好像是可以解開人生中的某種成就一樣，如果有出版社願意當冤大頭，我也就放縱自己不要負那麼多責任，出就出吧！就算沒人要看，自己爽爽的也不錯。

(●)

一開始的時候，是打算自己寫，幾經波折，改成請寫手訪問後撰寫，我再修改的方式。現在想起來，這其實是有些因為沒有自信而下意識逃避的。因為書不是完全自己寫，就似乎可以躲在別人的觀點背後，說著：「這是寫手對我的理解，不是我對自己的評價」。

自己寫自己，實在是非常殘酷啊！即使現在只是修改，都已經覺得那些血淋淋的剖開，挖掘自己的過程令人難以忍受。因為文字與敘述必須符合邏輯，也就得一遍一遍的逼使自己面對生命中曾有的雙重標準、口是心非、謊言與過錯。

也請讀者們不用擔心，雖然我只是修改，但修改的幅度之大，許多篇章已經幾乎是完全改寫了，我想這本書是可以很忠實貼近的呈現我自己，第三人稱只是留下一點距離跟藉口而已。

非常感謝沐風出版社的各位幾年來包容我的拖拉，你們過於無害到我都開始為你們擔心會在險惡的社會裡被欺負，希望書的銷量不會讓你們太沮喪。

對於讀者，很抱歉，我實在無法拍胸脯的說這本書，或是我的人生能夠給你們些甚麼了不起的啟發，只能說我確實是個蠻奇怪的人，觀看我的生命或許也會是件有意思的事吧！

目錄

第一章 廣播生活

這天，是筆者、出版社編輯，與德仔第一次的會面，我們約在東區的一間咖啡館，德仔是這裡的常客。咖啡館裝潢簡約，空間感受上不至於過度喧囂，但也沒有安靜得連講話都必須輕聲細語、擔心吵到鄰座的客人。同時，這裡也有許多藝文活動、電影的宣傳，不定期舉辦座談會與展覽，瀰漫濃厚但質樸的藝術氣氛。

剛開始進行訪問的時候，德仔顯得有點拘謹、嚴肅，但隨著碰面次數的累積，他也漸漸談笑風生。每次的訪談都很流暢，隨著不同主題，我們追溯他早年的一些經歷，有時候他也會分享讓人會心一笑的花絮。

德仔講話非常有條理，思路清晰。更令筆者印象深刻的是，他的言語內容很「實」，沒有太多虛假的包裝詞句，在訪問進行中，也甚少讓人感覺到他想對某些問題做出閃躲或者修飾。德仔對於訪談十分尊重，一旦約定下次的會面時間，他總能依約前來，沒發生過突然取消的狀況，由此可見他對於承諾的重視。

「賈培德」這三個字，在他接了三金（金馬獎、金鐘獎、金曲獎）的司儀之後聲名大噪。但對於變成公眾人物，擁有一定程度的「名氣」，德仔說出了內心深處最真實的感覺。從主持廣播節目開始，他累積了不少死忠粉絲，舉辦不定期的聽友見面會，具有一定程度的知名度，品嘗到許多身為公眾人物所帶來的正反效應，同時也讓他承受了某些心理上的負擔。

「對我來說，自己是這麼的普通，我的人生除了好運了些之外毫無神奇之處，所以一開始總是單純地面對他人，因而無從判斷在認識的人當中，有誰是只想滿足自己的幻想與好奇，又有誰是想與我真實的靈魂相交，所以在大概三十幾歲之後，對於新朋友的防備心就越來越重了。」

廣播劇團

時間要推移至三十年前的警察廣播電臺，德仔與「聲音」之間的故事，一切都從這裡開始。在電臺錄音室裡，有個小孩偷偷躲在桌子底下，屏氣凝神、專注地看著錄音間裡正在發生的事。無論是開得很強、幾乎讓人起雞皮疙瘩的冷氣，或是整齊陳列，看起來就很專業的廣播器材，在在都散發著一種獨特的氛圍。這是種很少人有的經歷，平常從外頭往裡望，錄音間就像個獨立平行的世界，內部的所有聲響都被阻絕。看著廣播劇團的演員們表演：有聲音演出的、幫忙拿道具做音效的，還有在現場督陣的導播……，各司其職、井然有序，就像在某個亙古的軌道上運行著。那個躲在錄音室一隅，專注感受著這一切的小孩，就是德仔。

當德仔躲在麥克風前的桌子下面時，連呼吸都小心翼翼，就好像沒有人發覺他在這裡一樣。潛伏在這個大人們錄音的「軍事重地」，他感到緊張，心情忐忑不安，但更多的是無限放大的興奮以及刺激感。他在幽暗的的桌子底下抬頭左顧右盼，仰望著圍繞麥克風專心演出的叔叔阿姨、大哥大姊們，自己彷彿變成一個隱形人，在大家沒察覺的狀況下，他來去自如地觀賞著演出。就在那一刻，德仔內心由衷感到這一群人好專業、好帥，昇起一種自己也還不是很明白的仰慕情愫。事後回想起來，或許這是他生平第一次，有了想要從事跟「聲音」相關工作的念頭。

這是德仔與廣播間最初的回憶，至今仍歷歷在目。

一開始，德仔只是單純地想跟著媽媽去上班的地方玩樂而已。擔任職業軍人的母親，當時在警察廣播電臺的廣播劇團兼職。在那個年代，臺灣的廣播圈，與劇場界、配音界，基本上都是由同一群人組成，彼此之間有著很高的重疊性。這些人才幾乎都畢業於政工幹校（現今的國防大學政治作戰學院），德仔的母親也不例外。他們有些人畢業後去軍隊服務，有些則散佈在其他的單位，因此，警廣的廣播劇團就成為這些政工幹校畢業生的一個交誼場合。

相較於中廣、漢聲電臺所製作的流行廣播劇，警廣廣播劇的戲劇性沒那麼強烈，而是偏重於政令宣導，且長度比較迷你，只有十分鐘，對於這些廣播人員來說並不會有很大的壓力。因此每個禮拜四，有空的人就會來電臺，分配好錄音工作，便開始廣播劇的錄音。對許多人而言，這是一段彼此可以交誼、聯絡感情的時光。

自德仔有記憶以來，三不五時就會跟著媽媽去警廣上班，但是到了十一歲那年，也就是國小五年級，德仔有了人生第一次的「廣播劇演出初體驗」。廣播劇常常會依照當日的劇情需求，而讓廣播人員的小孩們作「友情客串」。人選並非特別指定，端看現場誰有帶孩子來，導播便請他們軋一角。那天德仔恰巧在電臺裡，導播便問他想不想也試試看、進錄音室錄廣播劇呢？

「當然要！」

對於這大好機會，德仔毫不考慮的就接受了。事實上，這個邀演讓德仔小小的心靈覺得備受肯定與重視，內心雀躍無比。雖然擔綱的僅僅是些客串的小角色，但他以慎重的心情，用最認真的態度反覆練習。當懷著忐忑的心情，戰戰兢兢，彷彿自己背後承載著很大的期待般的走進錄音室準備時，他在心裡告誡自己絕不能出錯，一定要表現到「最好」。

廣播劇裡需要小朋友飾演的，通常都不會是甚麼真正的角色，往往只是因應劇情需要所衍伸出來的部分。可能是一個家庭裡有小孩，劇情裡需要他說一句：「爸，吃飯了！」甚或是爸媽在打罵小孩，小孩要做的就是淒厲的慘叫、哀號，連臺詞都可以省了。說是玩票也好，客串也罷，一開始德仔也覺得就只是沒有酬勞的有趣經驗而已。但當德仔完成了幾次「任務」之後，劇團就開始為他安排一些較具體的角色，也讓他賺到了聲音工作生涯的第一份收入。

錄這種廣播短劇的酬勞不算多，在德仔的記憶中，「一本」（指劇本，就是一集的意思）大約才一百二十元。但對一個小五生來說，每個禮拜可以接演個一本或兩本（有時候多的話會接到三本），賺一點零用錢，已經很不錯了。

那個年代，警廣廣播短劇的主要目的是政令宣導，不難理解的，因應政令宣導所需而衍伸出的小孩角色幾乎都不會是什麼正常、普通的乖小孩。多半都是品格、家庭出了一些問題，才會受到編劇的「青睞」而寫進劇本。舉凡偷東西的小孩、逃家的、父母離婚導致個性扭曲的，到吸食毒品的、加入幫派的、霸凌同學的、被同學霸凌的，不一而足，幾乎都是負面的角色。

但德仔當時年紀小，對「演出」的概念還沒有很多想法，懵懵懂懂的，想說就是唸唸劇本，反正這些被歸類為負面角色的臺詞也不太多。但這些都不是重點，光想著能進錄音室錄音、扮演一些角色，就覺得很開心也心滿意足了。

在德仔十六歲、上高中的時候，差不多變聲完畢，聲音已經富有成熟男性的磁性，便開始接演一些成人的角色。這時可以扮演的角色就多得多了，由於他的聲線、咬字聽起來都具有很明顯的正氣，所以常演出年輕的醫生、律師、小家庭中女兒的男友、年輕的公務員等，也就是在劇情走到尾聲時，會莫名出現為大家解惑、宣導政令的那種角色。

在劇團中，他與杜滿生、林明、王聰穎、夏治世、梁剛華等前輩共同配音演出。那個環境裡大家都是同事，前輩們也不會一直強調彼此之間的輩份差異。這讓他日後在踏入配音圈時並沒有被當成完全的新人，僅僅二十歲出頭的他，資歷與人脈都與他的實際年紀不相稱。

讀者可能會看過一些電影，提到早期電影拍攝與廣播錄音的過程中，利用各種道具製作音效的有趣橋段，根據德仔的說法，那些都是千真萬確的。當年沒有電腦錄音或電腦剪輯這回事，在類比的時代，錄音靠的是盤帶，無法分軌錄製再透過後製完成作品，必須在錄音時把包含人聲與音效在內的大部分聲音一次全部錄進去。就像舞臺劇一樣，所有演出必須一次到位，只要有任何出錯，大家就必須重來一遍。

劇本上若寫著「做出『雨聲』的效果」，錄音間內的某位演員就真的得用竹篩篩豆子。「雷聲」則是用一片特製的，兩端有木製握柄的白鐵片扭曲做出。「接電話」就要把現場真實存在的轉盤式電話用力拿起再放下。

「腳步聲」比較特殊，錄音室因為怕收進平常移動時發出的聲音而鋪了地毯，但有時也真的會需要腳步聲，所以製作了兩條走道，一條是水泥做的、一條是木板做的，用來模擬不同情境下的腳步聲。錄音室裡另外有一幢迷你小房子，有門也有窗，可讓演員模擬開關門窗的聲音，這房子還有門鈴，能發出六種不同的門鈴聲。

這些現場音效，有的簡單有的複雜，當操作音效可能影響聲音表演的穩定（例如走路）時，就會由沒有對白或該場戲沒有出場的演員負責，通常資歷較淺的演員會主動擔任這項工作。負責操作音效道具的演員，自己的演出經驗也不能太少，才能正確掌握戲劇進行的節奏。也得跟演出對白的演員要有一定程度的默契，否則音效跟人聲撞在一起，或是腳步聲走太久搞得演員一直沒法開始說話，就得整段重來，這對資淺的演員來說還是有些壓力的。

從小五到上大學，將近十年的時間裡，德仔斷斷續續的參與警察廣播電臺的廣播劇錄製工作。一開始他只是當成打打工、做些覺得有趣的事，完全沒有想過「聲音」會變成自己未來職業上的看家本領。

但事後回想起來，這段在警廣廣播劇團的經歷，且稱作年少回憶，卻成為德仔人生中很重要、甚至是日後跨入廣播界、配音工作的養分以及起點。

警察廣播電臺

「廣播節目是我的私密小房間」，德仔是這麼形容的。就像自己家的書房，把燈光調暗後，彷彿與外界隔絕，別人看不到你的一舉一動，只能聽到你的聲音。你可以像與朋友聊天般對著空氣說話，也可以當作是與自己的交談，至於聊什麼，全部由你決定。雖然麥克風一開，另一端存在超過二十萬人正在收聽你的節目，好像又並非全然孤寂，但沒關係，因為一旦習慣這樣看似私密、卻又能盡情揮灑自己的情境，你就能放鬆自己、釋放所有思緒，盡情讓想像力以及創造力奔馳在這不過幾坪大的錄音室裡面。

升大二的那年暑假，經由廣播界前輩王聰穎的介紹，德仔進入一家名為「知鑫傳播」的節目外製公司實習。無論在廣播製作的技術上、或者在人脈的累積、人際溝通上，這短暫的兩個月對德仔的影響都是關鍵而有重量的。

「知鑫傳播」在當年是廣播業界最大的節目外製公司，大抵上是接受廣播電臺的委託製作各種類型的節目，公司收入來自在節目的各段破口銷售廣告，經濟效益龐大。在他們製作的節目中，廣為人知的比比皆是：從羅小雲主持的《知音時間》，到鄒美儀的《快樂寶島》，以及吳建恆的《青春之夜》，又或者王聰穎、王超盟所主持的《體育頻道》，種類多元，也廣受聽眾歡迎。

就在那個暑假，德仔以巡迴的方式，到知鑫傳播底下的許多節目擔任助理，學習與廣播相關的技術。除了倒茶拆信找資料剪報紙，觀摩不同型態節目的製作流程，也曾帶著錄音機上街頭抓路人街訪，練習使用盤帶機，甚至學會了後來再也用不到的電腦文書處理軟體PE2。主修政治的德仔，經過這兩個月，漸漸對商業電臺的運作有了一些理解，並且也開始意識到，未來或許真的能夠靠「聲音」來吃飯。

一九九五年，「臺北之音」成立。民營廣播電臺的出現，意謂著臺灣的天空就此開放、廣播節目百家爭鳴的時代來臨，廣播頻譜不再由幾家公營的電臺壟斷。隔年，「飛碟電臺」也加入戰局，並且立刻受到大眾的青睞，無論是收聽率或媒體的聚光效果都是強烈的。民營電臺的紛紛興起與大鳴大放，無疑讓原有的公家電臺們相形遜色。

基於危機意識，老電臺的主管們覺得應該要有所變革。一九九八年，當時的警察廣播電臺總臺長趙鏡涓女士一口氣為警廣引進了好幾位年輕主持人，希望電臺能「年輕化」，德仔便是其中一位。

德仔的第一個節目是幫忙代班，在每週一至週五下午五點，傍晚許多

警廣宣傳照

用路人下班返家，車潮最尖峰時間的「珮妞俱樂部」。這個節目的主持人是「珮妞」，而為了搭配「珮妞」這樣詼諧又有些可愛的藝名，他也為自己取名為「德仔」，這成為他慣用的稱號，一直沿用到今天。

麥克風一打開，初生之犢不畏虎，加上對廣播環境的熟悉，德仔就這麼有些迷糊、但沒在怕的上陣了，這便是他成為「廣播節目主持人」的開端。德仔當時主持風格年輕，說話甚至帶有一點ABC腔調的感覺，播放的音樂也是年輕化的。那時候王力宏、陶喆、李玟都已經出道，音樂風格大大地異於民歌運動的尾聲，齊豫、王夢麟等人。

常有人問德仔，動輒主持超過三小時的節目，不會覺得語塞、或者無話可說嗎？答案是「並不會」。身為一個廣播主持人，幾乎都擁有想與全世界分享一切的熱情，尤其當時的德仔，也不過才二十出頭，亟需得到肯定，於是他不斷地表達對社會、政治、音樂以及各方面的看法與立場，藉此作為一種自我證明，甚至進一步能達到對自我的實現，所以一旦打開麥克風，就不可能無話可說。

本以為公家單位會有許多限制，進了警廣才發現，電臺對主持人唯一的要求就是忠實播報路況，其他一切的一切，只要在合法的界線之內通通都可以做，不用上企劃也不用向誰報備，而且因為沒有廣告，連收聽率的壓力都沒有。這對一個初入廣播圈的毛頭小子來說，提供了最好的廣播實驗場所。

德仔在週末開了三個塊狀節目，介紹華語及西洋流行音樂、五零至八零年代西洋老歌、訪問發片歌手、評論新聞事件、提供旅遊資訊。拜警廣這種任由主持人發揮的環境之賜，德仔的許多廣播專業與觀念都得以迅速成長。警廣環境特殊，無論是為了路況報導或者人力短缺，而必須一人身兼數職，千手觀音般的工作型態，訓練出德仔做廣播工作所具備的一切能力。舉凡企劃節目、敲藝人通告、訪問來賓、配合音樂的節奏說話、自控自播、接觀眾的叩應電話……，他甚至發展出能在三分鐘之內從節目收尾，衝到對面的播音室，並且立刻不順稿即時播報新聞的應變能力。

德仔手上的三個節目，分別是隔週週六下午兩點至五點、週日凌晨四點至七點、週日下午四點到六點半，在短短三十小時裡就必須做八個半小時的節目，因此他每個週末都是以電臺為家，做完一個節目就睡，睡起來就準備下一個節目，節目做完再繼續睡。

警廣賦予主持人很大的自由度，德仔也盡情揮灑，日夜顛倒、晝伏夜出，偶爾荒腔走板的演出，不免也上演過。德仔曾經在長官都沒在聽的深夜節目中，拿一張音樂劇從頭到尾播了一個小時，只在歌與歌之間簡短穿插路況，串一下話，大部分的時間都躲在錄音室外的氣窗旁偷抽菸。

更有甚者，在警廣的最後一集深夜節目，德仔先跟一大群朋友去唱卡拉OK，喝到凌晨四點就直接帶十三個人殺進電臺，大家都喝茫了，光是每個人自我介紹一輪，就耗掉半個小時。這大約是德仔在警廣最脫序的演出，也是他唯一一次帶著酒意做節目，他猜測到今天為止，除了幾萬聽眾之外，應該還沒有長官發現這件事。

在廣播收聽率很高、廣播媒體還算興盛的時期，廣播主持人具有相當程度的社會地位，不只是生活中很有面子，在利益相關的唱片業更是立刻會擁有知名度，收公關片收到手軟。很快地，德仔也擁有大批支持他的粉絲，每週當他進電臺，打開位在高處的置物櫃時，來自聽眾的信件以及禮物，即使沒有如「雪片」般地飛來，但保證如「雪崩」一般自高處傾洩砸向他身上。

粉絲們是瘋狂的，無論是來信索取簽名照、定期或不定期舉辦聽友會、與聽友面對面互動……，你想像得出的公眾人物與粉絲的互動關係，都在德仔的廣播生涯中上演過。

但是，如果問德仔，這樣五光十色的生活，他覺得適應嗎？或者是感到樂在其中嗎？答案是「沒有」。

這一切沒有讓他感覺飄飄然，相反地是一整個不適應。那時候的德仔，走在路上看起來就像一個普通的大學生，戴著眼鏡，穿一件簡單的T恤、短褲、背著背包。他覺得自己很普通，也沒有大家說的那麼好。打從進入這個圈子成為廣播人開始，他追求的就只是自我實現以及對自己的肯定，所以很誠實的認為「做廣播」這件事對他來說一直都僅僅只是為了自己而已。由於不想說謊、編造「聽眾的支持是我最大的動力」這種場面話，在與粉絲面對面時，他始終有那麼一點侷促不安。無法假笑，所以顯得冷淡，無法假裝熱情，所以有時看起來彆扭。事實上，廣播對大眾的影響力如斯巨大，德仔再清楚不過，許多聽眾長年收聽他的節目，投注著各自或深或淺的情感。其中有一部分的人，偶然聽到節目中的一句話，受到安慰、鼓勵。更有甚者，有聽眾因為聽到德仔有關公共政策的論述，而在選填志願時選擇了某些科系。經年累月的收聽，不少聽眾將節目視為生命中的一部分，也將德仔視為自己的老朋友。但德仔仍自顧自地將錄音室當作自己私密的空間，這種矛盾的心情，讓他對粉絲們始終抱著歉疚。

一九九八年六月到二〇〇〇年三月，不到兩年的警廣歲月，卻在德仔的生命中占有很重的份量。當時他的事業急速起飛，在週末的廣播工作之外，還兼任中央通訊社的編播。在生活中的其他部份，例如感情世界，那時也是波濤洶湧。這一切同時地在短時間內擠進了德仔的生命，他的生活漸漸失去控制。

歷經了一段放肆又失序的日子，德仔處於瀕臨崩潰的臨界點。他決定重整自己，將三個塊狀節目砍到剩下一個。他希望能專心經營節目內容，同時也開始發展配音的工作。這是第一次，德仔開始思考自己是否要以聲音工作做為人生事業的軸心。

飛碟電臺

「你好，我是陳樂融。」

二〇〇〇年某天，與辯論圈好友拼酒的隔天早上，因為宿醉，頭痛得快炸開。此時電話響起，將話筒貼到耳朵上，才剛聽對方說一句話，他便瞬間醒來，德仔心想：「發生什麼事了？」

陳樂融是當時飛碟電臺的節目部經理，他與蘇來聽到德仔在警廣的節目以後，便打電話給他。電話中，他向德仔說明，電臺打算放棄經營凌晨時段，他很不同意，認為凌晨時段還是有發展的可能，於是希望德仔先把時段拿下來做。雖然薪水真的不多，但如果能把這個時段做出口碑，收聽率提高的話，未來想要與飛碟或其他商業電臺談判，以這段經歷為籌碼絕對是大有可為。

那年，飛碟電臺在週一至週五的凌晨兩點到五點之間，有三個各一小時的帶狀節目，每個節目由知名主持人搭配臺內的節目企畫製作，算是有心經營。可惜經營未見成效，甚至在AC尼爾森的收聽率調查中常常收聽率都是0%。當然，這只是統計學意義上的0%，不代表節目真的完全沒有人聽（否則該時段打電話進來的聽眾應該都是阿飄），不過這的確意味著收聽人數非常稀少，對電臺而言，聽的人少，就很難賣廣告，飛碟高層打算忍痛放棄這塊戰場。那時候廣播這個媒介如日中天，再怎麼樣都不至於拿節目來重播，所以他們打算用最低的成本，找名不見經傳的小DJ來播歌就可以了，很類似現今音樂電臺的概念。

一九九八年開臺後，飛碟電臺一直是最熱門的廣播電臺，尤其在大臺北地區或者其他都會區，是收聽率最好的電臺。臺內大部分的主持人都是當紅藝人或者知名媒體人，媒體聚光效果非常強大，所以在那個年代，大家爭搶著想要去飛碟，即使當個助理都好。在廣播界，帶狀節目的地位遠高於塊狀節目，除非忙到沒時間做帶狀節目，否則若以一個「廣播人」自居，帶狀節目當然是首選，也才有機會成為電臺的招牌。原本德仔在警廣主持塊狀節目，突然接到陳樂融邀請，到飛碟電臺主持帶狀節目，而且還是一次三個小時，對他來說當然是千載難逢的好機會，儘管薪資不佳又何妨？就算沒有錢德仔都打算要去，幾乎沒有花上幾秒考慮，他立刻就答應了。

飛碟電台時期宣傳照

三月，德仔便從警廣跳槽到飛碟電臺，開始主持週一至週六，凌晨兩點到五點的《幽浮不羈夜》。一反常態，德仔並不打算做一個「伴你入眠」的節目。當時深夜時段的廣播節目，諸如秦夢眾所主持的《尋夢園》、王介安主持的《星河夜語》，這些前輩們的節目早就名聲響亮、也在深夜時段擁有穩固的地位。德仔覺得如果自己再做類似的東西，相較於這些老牌的深夜節目，比氣質、比節目氛圍、比慰藉助眠……他根本不是對手。由於飛碟電台的頻率涵蓋臺北都會區，夜生活的人多，幾經思考以後，德仔決定做一個大相逕庭的節目，在這個節目裡，無論什麼話題都可以亂聊，或者是播放最吵的音樂、大吼大叫的掀翻凌晨兩點的天空……。德仔鎖定深夜不睡覺、必須工作或者唸書的聽眾，而《幽浮不羈夜》就是這樣的一個節目。

進入飛碟之後，薪水就如當初談的一樣，真的不高，在商業電臺的主持人裡面算是非常低。這也不怪飛碟，畢竟一開始電臺就只是想找個無名小卒來播放歌曲，為了省錢，連企製都省了，所以德仔當時是單槍匹馬做節目的。就這樣，每週近二十小時，一個月要做八十幾個小時的節目，這還不包括事前的所有前置作業以及準備時間。德仔想了想，要將這八十幾個小時填滿，除非打算一直播放歌曲，否則以一個人所擁有的知識與訊息量，是非常困難的。但他又不希望只做一個單純播放歌曲的節目，在德仔的想像中，他的節目應該要是一個擁有更多元內容的節目。

為了讓節目質量兼具，德仔近乎「下重本」來經營：一個月才領三萬五的他，其中兩萬元拿來聘請好友化名「不羈老人」擔任節目固定來賓。這位好友是西洋流行音樂的專家，兩人也擁有良好默契，德仔請他做一部份的節目內容，自己則領剩下一萬五千元的薪水。以月薪一萬五除以每個月八十幾個小時的節目時數，他的薪水只比工讀生再高一些。

飛碟時期德仔與陳樂融的合照

放手一搏的結果如何呢？投資總算沒有白費，節目播出的第一個月，收聽率就突破10％，做到第二季，更衝上20％，是當之無愧的收聽率冠軍。德仔也因此在廣播圈聲名大噪，連他自己也感到意外。

德仔歸結出幾個節目受到歡迎的原因。在這個節目出現之前，臺灣的深夜廣播節目，都是走「伴你入眠」的風格。節目會播放慢歌、輕音樂，用很緩慢、很溫柔的節奏在聽眾耳邊輕聲細語，塑造有質感的氛圍，如此一來，大家便能安穩地進入夢鄉。但德仔打破常態，做了很瘋狂、不受規範、常講笑話兼可以胡亂聊天的節目，對於某些不想睡覺的人，便有了另一種選擇。或許是社會環境改變了，媒體生態也改變了，從德仔的節目開播以後，漸漸地，臺灣商業電臺夜晚的天空不再沉靜：中廣出現了《夜天使樂園》、《Midnight You and Me》，加上德仔的《幽浮不羈夜》，以及德仔離開之後接

飛碟電台時期

聽友會合照

棒的《夜夜如春》，以及《青春點點點》都是調性比較活潑、又吵又鬧的節目。

打破既有的廣播節目常規，德仔在節目中常播放金屬搖滾樂，或者快節奏的音樂，有時還會在節目裡忽然對聽眾說「我想大便」或「我想吃雞腿飯」，然後就播放一首長度十幾分鐘的歌，真的上廁所或吃便當去了。訪問來賓的時候，也常常拉著來賓搞笑。有些聽眾覺得很吵而來信抗議，但對於在深夜工作的職業駕駛，或者在便利超商上夜班的員工，尤其熬夜挑燈夜戰的學生們，這樣的節目對他們來說是深具吸引力的，《幽浮不羈夜》很快地席捲了深夜大臺北都會區的天空。

連續三季收聽率告捷，與原來在深夜最紅的「Hit FM」《夜貓DJ》在伯仲之間，節目留言板被灌爆，聽眾來信也很踴躍。九個月後，德仔向電臺要求調薪，如願得到將近兩倍的節目預算。

在飛碟的兩年，德仔算是正式在廣播天空中站穩腳步，無論是有形或無形，都成果豐碩。同時間也有許多其他的工作機會上門，像是邀約主持校園或企業贊助的演唱會等。德仔認識了許多傳播圈的人，也真正擁有了「媒體」的影響力，領受了媒體人身分帶來的誘人權力。然而這個歷程對他來說，是充滿反思的。

身為一個媒體人，手中又有節目，或者有撰寫報導的發言權，當你想看電影，電影公司就會寄試片邀請來；想聽音樂，就有免費的公關片；想看演唱會、舞臺劇，敲訪問發通告就好。想累積人脈更是簡單，不管你想要認識的是導演、演員、歌手還是作家，只要等人家有作品的時候打電話邀請就可以了，一切就是這麼的理所當然。對許多深處其中的人來說，這是難以抗拒的誘惑，也是某些人展現權力慾望的舞台。德仔看過節目企製因為沒收到別人有的公關片，打電話痛罵對方宣傳，以「未來不用想再排通告」來要脅對方的嘴臉。或許那就是人性，但對於這一切，德仔內心常湧上抗拒與不以為然的念頭。

飛碟電臺是個明星川流不息的地方，在那棟大樓裡走動或搭乘電梯的時候，三不五時可以與不少大明星擦身巧遇。而電臺內每每有巨星來訪，比如當時最紅的王力宏、阿妹等人，就會看到工作人員們爭相擠到大廳湊熱鬧、一睹巨星風采。有些積極一點的，更會爭搶向前，搭上個幾句話也好。對於這一切，德仔總是選擇走避，躲多遠是多遠。

雖然他不見得能釐清這種抗拒姿態背後的原因，但他歸結於自己從小就有的一股傲氣，不想讓人覺得他趨炎附勢，也不想被誤解為攀親帶故、跟名人裝熟。德仔回想自己大學上成功嶺的時候，認識一位同梯，日後成為臺灣搖滾天團的主唱，但德仔僅在他們發第一張專輯時請他們上過節目，之後這個樂團迅速走紅，德仔卻再沒發過他們通告。德仔自己解讀為一種骨氣，或者終歸就是自己愛面子。在廣播電視圈多年，他沒有真正結交過幾個藝人，反倒與演藝圈刻意維持著一種距離。

在幾個曾經待過的電臺，飛碟算是各種效益最好、收穫也最多的地方，為德仔帶來許多外溢的好處，但德仔仍然很不快樂。或許因為這個電臺實在太搶手，大家擠破頭想要進去，導致內部鬥爭很嚴重，從高層乃至最低的層級，糾紛屢見不鮮。

某些位置無足輕重、能輕易被取代的人，因為自身擁有得少，所以就會對自己擁有的一切懷抱忐忑不安的心情，花很多心思與他人勾心鬥角。在這樣的環境裡，德仔漸漸感到疲憊，萌生退意。

除了電臺主持工作以外，德仔還同時在學校上課，也開始當配音員，那兩年他的日程表是這樣的：凌晨十二點開始準備兩點的現場節目，兩點做現場節目到六點，早上六點回家梳洗準備後騎車上陽明山中國文化大學上課，中午十二點下山，下午接廣告配音到晚上六點，回家睡覺到晚上十二點再起床準備兩點的節目，這樣的日子規律地重複了兩年。

德仔自認是個做事難持久的人，一件事如果只是為了自己而做，不要太久，他就會感到厭倦。剛開始做廣播時所冀求的成就感、收聽率都得到了，在業界也有了名聲。到了後來，漸漸地就演變成只是為了工作而工作，開始讓他感到無聊、不再有吸引力，也不再有趣。到了最後，錄音竟成為一件痛苦的事，德仔開始拖拉錄音的進度，這種狀況持續了一陣子，他心裡明白，該是結束的時候了。

二〇〇二年，原本德仔只是抱著玩票性質，跟著同學湊熱鬧去試試看，結果竟然意外的考上了研究所，他便以自己要「專心唸書」為藉口，辭去了在飛碟電臺的工作。業界譁然，也產生了許多謠傳，因為飛碟電臺主持人的位子是如此搶手，只會有人想進來，怎麼會有人想要離開呢？但真正的原因其實也就只是他「不想幹了」這麼簡單。

離開飛碟的時候，德仔沒想過要再做廣播節目，但時間往後推移了兩、三年，在某些機緣下，他進入了中廣流行網，才又讓他與「廣播」再續前緣。

中廣流行網

德仔考上文化政治研究所，順勢辭去了飛碟的主持工作。就在他蟄伏了一段時日後，二〇〇五年，一位飛碟的老同事轉戰中廣，想起德仔，打電話問他是否有興趣到中廣去經營深夜時段。

這兩三年，德仔沒有再做廣播節目，也發生了很多事，廣播圈裡面不少工作人員、主持人在幾個電臺之間大搬風。「飛碟聯播網」與「中廣流行網」，這兩家電臺彼此之間一直存在著競爭關係，飛碟挾著強大的媒體效應與前衛流行的形象，擁有廣大的年輕聽眾；而中廣流行網是「大功率」電臺，訊號得以深入較偏遠的地區，同時力圖轉型。兩家都是非音樂性電臺中的佼佼者，所以不難理解，當飛碟聯播網的廣播從業人員想要跳槽，很自然地會將中廣流行網當成轉換跑道的首選。飛碟有許多的工作人員，從企製、主持人到音控，大舉遷徙、幾乎將大半個飛碟聯播網都搬到了中廣流行網。前面說的老同事，原本在飛碟擔任企製，到了中廣後擔任節目部副理，便向中廣推薦了德仔。

德仔雖然離開了廣播圈，但書也唸得有一搭沒一搭，處於一種混沌不明的狀態。在這個時候，中廣向他招手，彷彿一道亮光，喚起他心中的某些感覺，讓他似乎想起了些什麼。因此，「廣播」又再次走入他生命中，這個他再熟悉不過的事物，再度對他產生了吸引力。

中廣時期宣傳照

前面提過，早在升大二的那年暑假，德仔透過友人介紹，在中廣的委製公司「知鑫傳播」實習，實習過程中跟的就是中廣的節目，當時的中廣還位在現今帝寶的位置。多年後，德仔以主持人身分再度回到中廣，電臺已搬至新址，他所熟悉的建物還在，但美儀姐卻不在了，令人有種物換星移的感傷情緒。

即使許多新的廣播電臺不斷成立，商業電臺之間彼此競爭也很激烈，但中廣一直維持一種全國性領導電臺的風範。在面對合作的主持人以及員工時，相對比較大器，在許多細節上都更周到。但相較於一般的純商業電臺，中廣仍有著早先黨營事業的習氣，在經營上顯得保守、不積極，無論是節目的企畫執行或時段的安排，變革的速度稍微緩慢，對於外在世界的改變也不敏銳。

中廣比照業界帶狀節目主持人所享有的待遇，給德仔很好的酬勞。德仔開了一個帶狀節目，從凌晨四點到六點，節目名為《不羈夜狂熱》。《不羈夜狂熱》是接續在由豆子主持的《Midnight You and Me》之後的。而《Midnight You and Me》以前便是與德仔在飛碟的《幽浮不羈夜》互相打對臺、性質相似的節目，所以高層原本的用意，就是希望兩個節目連成一線，讓整個中廣流行網的夜晚充滿歡樂。

雖然中廣找他來，就是希望複製成功模式，要他再製作與在飛碟時期性質相似的節目，但德仔並不希望只是一再重複、拷貝以前的節目內容與型態。

在他的腦海中不斷的思索著，有什麼「新」的東西可以做？或許在語言表達、節目風格上還是可以讓人覺得有趣，但是重點在於：德仔不再滿足於只是重複成功模式，他不想再純粹地為了搞笑而搞笑，相反地，他希望在節目中能填進更多的文化內容，對公共議題與各種政策的討論，讓節目的調性能觸及一些更嚴肅的時事、社會議題。

在《不羈夜狂熱》中，德仔雖然維持著詼諧、幽默的口吻，但在內容上刻意不再訪問當紅的流行歌手，改而訪問地下樂團或獨立音樂人。也不再談論大眾熟知的賣座電影，而專挑影展作品來介紹。這種節目經營的方式，與先前主持《幽浮不羈夜》看似有部分相似，但事實上，《不羈夜狂熱》中注入了更多新的東西，也充滿他對文化與公共議題的關懷。

由於不想只是重複《幽浮不羈夜》的成功經驗，《不羈夜狂熱》節目內容安排會隨時視情況調整，節目的調性也因此起伏不定，就像天上的月亮，初一十五不一樣。有時德仔會開心的與聽眾隨意哈拉，氣氛非常輕鬆，但有時德仔也會討論很艱澀的國際政治議題。印象令人非常深刻的，是有一集節目中談了一整個小時的「大西洋鮪類資源保育委員會（ICCAT）」，這其實是德仔白天在文化政研所上課時的課堂報告主題，內容原封不動的被拿到了節目裡來，再經過輕鬆諧趣的口吻包裝後介紹給聽眾。

雖然收聽率還是維持在高檔，但德仔認為，那是由於大眾娛樂的媒介增加了，廣播漸漸式微，願意經營凌晨時段的電臺減少，在沒有這麼多對手的情況下，《不羈夜狂熱》還能維持著很不錯的收聽率，其實只是幸運而已。

在飛碟的《幽浮不羈夜》已成功滿足了德仔對於名聲與虛榮的需求，到了中廣製作《不羈夜狂熱》，德仔希望藉由提升節目內容的深度來證明自己。事後反省起來，這些實驗性的嘗試，有部分其實背離了那一區塊聽眾所組成的市場，自己的作法不太對得起聽眾，也可能有些違背了一個廣播節目所肩負的責任。

由於節目型態的改變，雖然主持小時數比在飛碟的時候低，但節目的資訊密度提高很多，每天兩小時的帶狀節目，所需要的龐大資訊量，對於一人作業的德仔來說也漸漸感到無法負荷。

在二〇〇七年的時候，德仔又再度倦勤，這次他以即將入伍服役為由，離開了中廣。

（三）

短短一年的役期很快就過去，在退伍前夕，中廣基於對德仔廣播能力的高度信任，又再度找他開節目。這次給他的時段，是每週六晚上七點到十點的時段。終於有機會離開凌晨，進入晚間黃金時段，對德仔來說，具有先前的廣播經驗中沒有的吸引力，再加上剛退伍的德仔亟需重建事業的第一步，因此他再度同意回到電臺，這個節目就是他的復出之作：《搖擺機關槍》。

從飛碟開始到轉戰中廣期間，他的三個節目，名稱都與音樂有著很大的關聯。節目名稱是德仔與節目固定來賓不羈老人共同命名的：《幽浮不羈夜》來自Heatwave在一九七七年的單曲〈Boogie Nights〉；《不羈夜狂熱》是The Sylvers在一九七五年的歌〈Boogie Fever〉；而《搖擺機關槍》指的是一九三〇年代的西洋流行樂風。

歷經《不羈夜狂熱》的嘗試與掙扎之後，《搖擺機關槍》的節目目標與方向更為明確。三個小時的節目中，德仔介紹不隨流行的獨立音樂、小劇場與影展片，以及藉著紀念日與歷史人物的生日，帶入文化、藝術、政治等主題。節目走向完全擺脫了早期的無厘頭及嬉鬧特色，是徹頭徹尾的文化性節目，德仔的主持風格也漸趨沉穩。

德仔做《搖擺機關槍》這個節目，也是希望能為小眾文化留下一塊媒體空間，同時也讓他在對於文化事務、以及公共政策、公益性活動發聲時，能有個施力點，與自身的事業發展倒沒有太大的關連性。

在《搖擺機關槍》平穩地做了三年半之後，約在二〇一一年，德仔這次真正的離開了廣播圈。

並非僅僅出於職業倦怠，相反地，他深刻明白自己對廣播的熱情不再了。該玩的、該嘗試的、該有所突破的、該得到的，德仔覺得自己都達成了。自我已經獲得實現，也受到業界、觀眾的肯定，此時的他，覺得已經沒有這麼多的話想對聽眾說了。

回顧自己在廣播界前後橫跨十三年的時間，他認為中廣流行網是他待過的三家電臺之中，最挺他，也最讓他有歸屬感的電臺。即使最後他認為自己無論是基於任性，或者是忠於自己的率性而離開了廣播圈，但對於這一切，德仔依然發自內心，由衷感激這一路以來支持他的聽眾，以及一直在背後擔任靠山角色的的中廣流行網。

第二章

配音工作

對德仔的印象，來自公共電視的《誰來晚餐》。那是個側寫台灣民眾生命故事的長青節目，每一集都會讓受訪的主人翁邀請一位他們心目中的「夢幻嘉賓」來訪，一起共進晚餐。筆者幾乎沒錯過任何一集，對節目中的旁白男聲也感到熟悉與親切。

訪談到中途，德仔總會走到咖啡店外抽根煙、透透氣。看著吞雲吐霧的他，我們興起了一個疑問：德仔平常如何保養自己的嗓子？面對這個問題，他只是淡淡地說：「完全沒保養，我不想那麼辛苦地過生活。」

根據德仔的記憶，執著於保養聲帶的聲音工作者大有人在。在約莫二十幾年前，聲音工作者被要求字正腔圓、音質純淨，許多老前輩為了保養聲音，謝絕一切炸的、冰的、辣的，不菸不酒不熬夜，你還能經常看到他們抱著一大壺澎大海……

每個時代都有其流行，大眾喜好的聲音也會改變，現代配音員比較強調聲音的獨特性及個性，若本身技術足夠，相對來說不必那麼嚴格的去要求音質的純淨。德仔認為，也就是因為這樣，讓配音員不再需要用很辛苦的方式維護聲嗓。睡眠充足、不酗酒、不放任生活到聲帶長繭，只要掌握這些基本原則，就能維持好的聲音狀態。

配音員這個職業所擁有的高度工作自由、工時彈性、高單位薪資，是德仔投入其中的理由。這讓他在經濟安定的條件下，有大量的自由時間去發展如劇場、辯論、公共政策評論等各項活動，活出想要的自我，而非只是過他人眼中的理想生活。

甚麼是配音？

雖然主持過多年的廣播節目，進入二十一世紀以後，配音員才是德仔較為人所知的身分。

社會裡，存在著各式各樣的職業。其中有些職業擁有眾多從業人數，也是人們心中的理想工作，當你說你是個律師，或者廚師、駕駛員，聽的人大概也就能夠想像你在做什麼工作了。但是，對於從業人數稀少的職業，由於人們缺乏接觸與瞭解的機會，自然會有諸多好奇及疑問：這個職業大概是什麼樣貌？工作內容是什麼？使用的工具是什麼？在什麼樣的場所勞動呢？「配音員」就是這樣的職業。

「哇！你是配音員喔？那你配過甚麼角色啊？」

當德仔介紹自己是個配音員時，最常聽到這樣的回應，或者說疑問。要認真回答這個問題實在是說來話長，幾次下來，德仔學會在自我介紹時加上兩個字：「我是廣告配音員。」

你可能會覺得，「廣告配音」與「戲劇配音」都是「配音」，應該是大同小異。其實，「廣告配音」與「戲劇配音」幾乎算是兩種完全不同的行業，所需要的技術不同，工作的方式不同，入行的管道、與業主合作搭配的狀態……在在有所不同。就好比國畫、油畫，雖然都是繪畫，但需要的技法、創作方式卻是南轅北轍的。

偶像劇、連續劇、電影、卡通動畫等等，是屬於戲劇配音的領域。觀眾經常會因為喜歡某個角色，進而對那個角色的聲音投注感情，最後成為特定戲劇配音員的粉絲，為他們建立粉絲團。相較之下，廣告配音像是一種無中生有的存在，創作的成分更多。因為沒有對應的角色與脈絡，對配音員而言，必須憑空去發想、創造出那個聲音的存在理由。觀眾並不會了解這個創作的過程，看廣告時也較少投注感情在聲音上，而是單純的將聲音視為影片的一部分。廣告配音工作範圍多樣，包含以下琳瑯滿目的內容：電視廣告、廣播廣告、有聲書、電話語音、手機加值服務語音、宣傳車、店頭播放帶、光碟語音、電視節目旁白，微電影、紀錄片、電玩遊戲語音，與其他各式各樣的聲音演出形式。

配音，本質上是一種聲音的「表演」，身為廣告配音員，就更需要具備多變的聲音表演能力，才能滿足廣告代理商多元的需求，與各種不同類型的廣告案件需要。為了詮釋情緒與行銷目的各異的文稿，廣告配音員需要揣摩不同年齡、不同腔調、不同職業背景的角色聲音。此外，需要精準控制語速，在一般素人很難察覺到的半秒至一秒間調整語句長度，還得模仿各種口音，創作出特殊、引人注意的音質以符合各種要求，更不用說清楚完整的咬字基本功。要達到這樣的專業度，僅僅只是擁有美好音色是不夠的，還需要經年累月的實戰經驗以及持之以恆的自我要求與鍛練才能達成。

「無論是哪一種配音員，你都不能只用『老天爺賞飯吃』來形容他們的工作。當然，良好的聲音品質是成為配音員的基本條件，但絕對不是充分條件。最終決定一個人是否能在這一行站穩腳步的關鍵，有更大部分在於是否能駕輕就熟地將聲音控制在穩定且平均的狀態，那是需要長期的自我訓練才能養成的技術。」德仔如是說。

德仔進一步說明，每一年，都有許多擁有聲音天賦的新人想進這一行，但由於技術門檻比一般人想像中高出許多，以男性廣告配音員來說，平均二至三年，才會出現一位能穩定以此為業的新血。

從事配音工作，確實有不少吸引人的地方，例如工作有尊嚴、工作時間彈性，以及單位收入高等等。除了部分配音員有密切合作的經紀公司之外，大部分的廣告配音員都是個體戶，自己管理自己，無需看老闆臉色或經營麻煩的辦公室人際關係，擁有高度的自由與工作尊嚴。就算偶爾還是會遇到白目的客戶，也可以隨時請他另請高明，有能力不接少數不喜歡的工作，而不至於太過影響到自己的整體收入。

此外，配音員的工作時間很自由，除了一些電視節目旁白需定期錄製之外，算是非常具彈性的工作。規劃旅行也很方便，即使消失個一兩個禮拜，回來後也不用擔心工作不保。

配音員也是個單位收入很高的行業，月收入超過十萬的廣告配音員比比皆是。錄製一則長度十秒的電視廣告是三千元起跳，不同產品的收費方式雖然不一樣，但工作一小時的酬勞至少會有一千元以上的水準。戲劇配音員的收入較少一些，一集卡通或連續劇的酬勞大約是六百至八百元不等。

這樣的收入應該也算高薪一族了吧？但是，如果與其他國家的配音業一比，便會發現到很大的落差。日本的動畫配音一集的酬勞換算成台幣是五千元起跳，約是台灣的八倍以上，這還不算台灣配音員常常必須同時配三到四個角色，工作量更為繁重。廣告配音的落差也很明顯，中國大陸的頂級廣告配音員配一支十五秒電視廣告的價碼，是台灣同級配音員的五倍，大約是新台幣三萬元。

在享受自由以及高工資的同時，也伴隨著不完整的勞動條件。由於大多數配音員都是個體戶，無法享有一般上班族都有的勞健保、員工旅遊、三節獎金、年終獎金或各項津貼。配音工作完全是「按件計酬」，更不可能有任何婚假、病假、生理假、產假等帶薪假期。

配音員的職業壽命，是有限，且通常短暫的。德仔一直覺得配音員就像賺得沒那麼多的職業運動員，在相對高的收入條件下同時也承擔相對高的職業風險。人的聲音是會變化的，當生病或感冒而倒嗓，或者因為過度使用導致聲帶長白斑、長繭，都可能瞬間結束配音員的職業生命，這種職業傷害非常殘酷、一旦發生即無法修復。隨著年紀的增長，聲帶也會漸漸鬆弛，聲音會變得更為低沉與沙啞，一般來說大約五十歲以後，能接的配音工作就會明顯減少。

觀眾的口味也會隨著流行的更迭而改變，曾經吃香一時的聲音，可能突然沒有理由的不再受到喜愛而面臨被淘汰的命運，這種市場的變化是配音員難以掌握或預測的，配音員在這點上，跟演藝人員很像。在近三十年的廣告配音市場上，台灣廣告界流行的聲音質地至少發生過兩次明顯的改變，整體而言，從較端正純粹的音質與咬字，不斷朝向更為自然、更接近素人的音質與咬字轉移。無法跟上市場改變幅度的配音員，尤其是聲音早已定型多年的資深配音員們因此頓時失去工作機會，大量失業。由於行業規模過小，轉業困難，如何在有限的職業生涯中，儘快賺到足以支撐家庭開銷與退休生活的存款，對德仔這樣的配音員來說，是一項嚴肅且充滿壓力的課題。

目前台灣現役的廣告配音員與戲劇配音員，加起來應該不會超過一百人，只要打開電視機，就有機會「聽見」他們。但這僅止於「聽見」，他們本人並不會真實的出現在人們眼前。當「配音員」作為一個職業被意識到的時候，通常被渲染上了許多過度美好的想像，可是「想像」與「現實」之間，有相當大的落差。

廣告配音

德仔進入配音這一行，機緣竟是來自出於好玩心態而參加的綜藝節目。一九九九年，大學生德仔只有二十二歲，卻在警廣主持了三個節目。那時台視的當紅節目《龍兄虎弟》有個單元叫「男大十八變」，會找一些外表不錯的男生來上節目，並拿出他們小時候拍過最醜的照片做對比，藉以增添節目的趣味性。德仔其實不知道製作單位為什麼會找上他，但想到難得有機會上電視，便興沖沖地答應了。

那個年代的綜藝節目很時興才藝表演，德仔記得自己除了唱了首歌之外，還唸了一段在廣播節目中必須要一口氣說出來的開場白，形式有點像「貫口」：「哈囉各位收音機前面的聽眾朋友們大家好現在的時間是下午的五點零八分您正在收聽的節目是警察廣播電台全國交通網在每個禮拜天下午四點到六點半為您播出的德仔的

Daydream我是節目主持人德仔……。」之類的。碰巧在電視機前面的中央通訊社商情部主管，對德仔這段流暢清晰、節奏明快的貫口印象非常深刻，便透過管道找到了他，邀他到中央社擔任新聞編播，沒想到，這就成為了德仔配音生涯的楔子。

上個世紀末，行動電話已經漸漸普及，幾乎人手一支，隨著通訊技術的發展，手機加值服務的需求也被塑造出來，許多付費語音服務，如語音新聞、小笑話、音樂排行榜、星座解析等，都被消費者大量使用。當時，中央社亦開始跨足語音內容製作領域，大量招募具有廣播主持背景的人才擔任編播。

在中央社的眾多業務中，有一個合作計畫，是與作家馮光遠所主導的《中國時報》〈給我報報〉專欄合作，將〈給我報報〉所提供的創意與文本，製作成手機加值服務，提供給民眾付費收聽。由於必須瞭解每個人的聲音可能性，所有的編播都錄製了一份詮釋各種不同角色的Demo。當時已經是職業配音員的同事周震宇先生，在聽過德仔的Demo之後，覺得很有發展潛力，便邀他從事配音工作。於此之前，德仔對配音工作毫無概念，從未想過有一天會踏入這一行，但年紀尚輕，剛踏入職場的他，對於任何機會都想嘗試，也想把握賺錢機會，便立刻答應，並就此踏入配音圈。

在德仔那一輩的配音員中，他是少數沒有接受過經紀公司培養或在配音班受過訓練的配音員，完全以既有能力進入這一行，這與德仔的家庭背景有很大的關係。德仔父親的家族世居在中國大陸的內蒙古赤峰市，二十幾歲時才來到台灣，家鄉的口音很接近現在的「標準國語」或者「標準普通話」，只是語調像其他北方人一樣稍微拉長一些罷了；而德仔的母親在國防部藝工總隊任職，受過嚴格的正音與表演訓練。家庭環境啟蒙了德仔對「聲音」的興趣，小時候他便喜歡朗誦各式各樣的文字，不管那文字是來自報紙、廣告、小說，甚至哥哥的三民主義課本，其專注、貫徹程度之高，讓他有時看起來有點像患有亞斯伯格症的小孩。德仔說，聽到自己在唸稿時發出不同於平時講話慣常使用的音調，讓他覺得非常有趣，朗讀字句這個行為，也成為他的一種特殊「興趣」，持續了十幾年，終於粹煉出一入行便能立刻提槍上陣的聲音技術。

德仔錄過的廣告案子不計其數，包括常見的「一人分飾多角」廣告，像在《隨身變》（Eddie Murphy主演）的宣傳廣告中，他應要求同時飾演了六個角色。此外，也錄過「自己與自己對話」的廣告，一人分飾兩角演出皇上與宦官的對話。還有一些廣告有特別要求，需要揣摩幼齡的聲音，這也難不倒他。像雀巢公司（Nestlé）早餐脆片的廣告，德仔每年會錄幾支，已經錄了七、八年了。在其中德仔飾演一位八歲小男孩與一隻玩具小熊，同時扮演兩個角色在廣告中進行對話。

除了廣告，他也為許多電視節目擔任旁白，如《大學生了沒》、《超級偶像》、《誰來晚餐》、《綜藝大集合》等，因應節目的調性，也會有不同的聲音表現、情緒表達及語速控制。比如像《綜藝大集合》是一個在廟口玩遊戲的節目，非常要求與在地民眾的親切互動，此時要做出足夠「台」，類似喜劇又誇張的效果，需要大量的真、假音轉換，國、台語夾雜的表演方式。如果要配《大學生了沒》般目標觀眾為年輕族群的節目，就要用比較輕快活潑的方式表演。錄《超級偶像》、《舞林大道》、《星光大道》這類競賽型節目，則需要氣勢磅礡的表現方式。而像《誰來晚餐》這種碰觸各階層民眾的生活，人文性格濃厚的節目，基本調性是文質濃重的，但偶爾會遇到悲傷的橋段，因應不同的情境，也需要多種聲音的變化。

配音界是個長江後浪推前浪的行業，即使擁有了合格的聲音技術，也並不代表工作就能穩定。一九九八年前後，配音圈正經歷一波歷史性的大改變，與德仔同世代的配音員們，用比前輩們低了一半的價格搶走了大部分的工作，迫使老前輩黯然退出市場。但市場行情的降低並不單純來自於配音員的業內競爭，隨著媒體的開放與爆炸，節目與廣告需求大量增加，每個節目與廣告的製作費及廣告預算逐漸降低本來也就是時勢所趨。

同時，觀眾、聽眾的「口味」變了，字正腔圓、聲音純淨不再是第一要求，取而代之的是相對自然的發音和語調。也因為這樣，德仔那帶有幾分低沈、略略沙啞的嗓音，才能被市場接受。因為聲音不受大眾喜愛而被淘汰的工作風險，在廣告配音工作中非常明顯。近幾年流行的電視廣告，需要的聲音遠比過去更貼近素人，有些甚至會從廣告商的內部員工中找人直接配。這當然也排擠了專業配音員的工作機會。

錄音室工作照（照片由超越基金會提供）

配音員的工作型態雖然自由而彈性，但有接案才有收入，考驗每位配音員對財務規劃以及生活品質的平衡。德仔剛開始從事配音時，常從早上九點、十點開始，趕錄音班直到晚上六點。歷經十幾年來的摸索與調整，現在他可以將每天的工時縮減至兩、三個小時。他盡量增加能帶來固定收入的工作比重，如帶狀、塊狀電視節目旁白，或與電視台簽約錄製系列宣傳片。為了降低工作時所耗損的時間成本，他在家中架設了一套錄音設備，一些比較不那麼要求聲音細節的工作，都可自己安排時間在家錄製，省去交通時間。

德仔的收入約是一般同年齡層朋友的兩至三倍。他謙虛地說，這在配音界裡並不是多了不起的收入，但卻能讓他多出更多的時間，可以從事其他有興趣的活動，如參與劇場演出，或投身於辯論等，要不是擁有足夠的經濟條件支應，他也無法得到餘裕徜徉其中。

意外成為典禮司儀

德仔人生中有許多偶然，成為台灣幾個重要頒獎典禮的司儀，還因此名聲大開，就是其中一個無心插柳、始料未及的結果。「名氣」為他帶來許多方便與好處，也帶來困擾。「御用三金主持人」這個稱號，一直讓他感到沉重。

為什麼身為配音員的德仔，會擔任頒獎盛會的司儀呢？這得從近幾年頒獎典禮製作上的結構變化說起。搜尋兒時記憶，當年透過電視轉播收看的頒獎典禮，絕大部分都是一位男主持人，搭配一位女主持人，例如早期的巴戈、鄒美儀，或者蔣光超搭配另一位女星。過程中，女主持人會應不同場景需要，換穿不同的禮服與造型；相對的，當年的男主持人並不像現在的蔡康永，會在舞台上呈現出百變而充滿個性的造型，往往一套西裝撐到底也就可以了。所以雖然女主持人換造型、梳化的時間耗時，但因為舞台上還有一位男主持人掌控全場，在換好造型登場前，典禮也絕不會開天窗。

或許由於時代的改變，典禮設計開始跳脫「一男一女」這種四平八穩的主持模式。二〇〇二年之後的幾屆金曲獎，除了二〇〇二年由張小燕、陶晶瑩、卜學亮聯手主持之外，接下來連續七屆全面改用女性主持人，如侯佩岑、天心與小S等。清一色女性主持人的典禮設計，在流程上必須解決一個根本的難題：當女主持人全數進後台換造型時，舞台上會完全沒有主持人在，那這段時間該怎麼辦呢？於是，製作單位便想到增加司儀的工作內容，可以在主持人離開舞台時，協助典禮流程進行。當時，德仔已在配音界耕耘兩、三年了，同時也持續與電視台合作，為許多電視台宣傳片錄製配音，和東風衛視的合作關係相當密切。而從二〇〇二年開始，乃至其後的幾年，國內大大小小的頒獎典禮正好皆由東風衛視主辦，由於德仔與東風的密切合作，製作單位首先就想到了他，他就此受邀擔任二〇〇三年第十四屆金曲獎頒獎典禮的司儀。

過往的典禮司儀，需要對觀眾講的話其實並不太多，只消提醒大家典禮的開場與結束，介紹主持人出場，事前為入圍VCR配音，叮嚀觀眾散場時別忘了隨身物品，大約如此就可以了。但自從德仔長年擔任司儀開始，典禮司儀所擔負的功能，以及擁有的權限，都遠比以往的司儀來得複雜許多。除了在主持人都不在舞台上時，推動典禮進行之外，典禮進行中，有的時候會發生意料以外的錯誤，因為司儀是全場除了主持人以外唯一可以代表製作單位發言的人，所以當主持人不在場上，或主持人自己出錯時，德仔隨時得自行視情況判斷是否開麥克風救場。過去得獎者步上舞台的這段時間，是沒有背景介紹的，就算有也通常由主持人負責，但主持人念稿的口條水準不一，所以現在也一律交由司儀負責。

凡事總有第一次，至今德仔都還清楚記得那天的情景，以及自己忐忑不安的心情。台大體育館內坐滿了觀眾，德仔坐在大舞台的右側，感受著僅隔一簾布幕之外的眾星雲集。所幸德仔曾身為廣播人，有四年現場LIVE播報的經驗，報過路況也報過新聞。因為那幾年的現場歷練，讓他能很快進入狀況。在德仔自己都還無暇思考究竟做得好不好的時候，典禮就結束了，他獲得業界一致的好評與讚賞。同年年底的電視金鐘獎頒獎典禮也找了德仔，兩年後的金馬獎也找了他，從二〇〇八年開始，德仔成了每年三金典禮的固定班底，也因此被稱為「三金御用司儀」。

或許你會好奇，身為專業配音工作者的德仔，在擔任這些頒獎典禮司儀的過程中是否吃過螺絲？他說大概平均兩、三場會出現一次，大部分的失誤都只是在一段話之中的某個字，咬字不夠完整，除了對「聲音」敏感的配音員同業有可能發現之外，一般觀眾其實不會察覺到。得獎者上台時在背景襯著的得獎理由也是比較容易出錯的地方，但在興奮的情緒與背景音樂之下，電視機前的觀眾並不會屏氣凝神的聽司儀說話，發現出錯的機會也不高。

擔任司儀時，必須全神貫注。由於德仔隔著布幕，無法看到舞台，只能透過導播給的螢幕畫面，來了解舞台上的動態與判斷發聲時機。此時德仔必須在心中盤算如何詮釋文稿，段落該如何切割，並控制自己的語速，而不僅只是單純唸稿而已。同時，保持理性非常重要，即使偶爾發生令人懊惱的一些小失誤，也必須立刻重新振作，不能讓情緒波動影響到之後的聲音表現。每次典禮結束後，德仔都會花時間瀏覽PTT三金版的文章，他之所以這麼做，是因為長期在幕後看典禮，想知道站在不同視角的觀眾，對整個頒獎典禮的理解與評價為何。

雖然德仔認為自己表現得還算稱職，也為典禮司儀賦予了一些新的意義，但「三金御用司儀」這個稱謂對他來說，始終彆扭以及沈重。他真心認為，比他優秀、有能力的人所在多有，他只是比較幸運、多累積了一些經驗而已。說「御用」更是沒這回事，每場典禮都可能設定不同的基礎氛圍，如果製作人基於想要創造不同風格而決定換人擔任典禮司儀，是非常合理的。同時，台灣人習慣縮減預算，德仔擔任司儀的工作費用，比一般人想像中的數目低非常多，但即使如此，這筆預算還是年年被製作單位提出來檢討，有許多次都有內部消息告訴他，差一點就要被換掉了。

不可否認，「三金御用司儀」這個名號擾動了德仔的人生，讓他成為最出名的廣告配音員，也為他帶來了大量工作。德仔先後收到《康熙來了》、《大學生了沒》等電視或廣播節目的通告邀約，也常常受邀到校園演講，報紙、雜誌、書刊訪問偶爾有之，甚至有機會上湖南衛視的招牌節目《天天向上》，並與中國大陸最知名、最頂尖的幾位配音員們同台。拜三金之賜，德仔的名氣迅速拓展，甚至比在主持廣播節目時更被大眾所看見。對於這一切，他內心深處最真實的感覺是什麼呢？

德仔總想保持工作以外私人時間空間的獨立。沒工作時，他有時會與朋友聚會，或自己出外旅行，每每遇到熱情的粉絲衝上前請他簽名合照時，都讓他感到侷促以及不自在。雖然他很明白，「三金司儀」這個頭銜為他吸納了不少工作機會，收入因此增加，但隨之而來的人際交往，常令德仔感到迷惘。「名氣」會讓人搞不清究竟眾人想認識的是「你」這個人？還是只是想刺探作為「名人」的這一部分？他內心反覆浮現類似的問號。

新認識的朋友們，絕大部分會千篇一律問德仔相同的問題，他們常常會要求：「可以表演一下怎麼說『入圍的有』嗎？」，照做之後，對方也沒有意外的驚呼連連。或者常有人問他：「當初你是怎麼當上司儀的啊？」、「一場頒獎典禮拿多少錢啊？」、「有看過那些大明星啊？」問這類問題的人們，往往並不在意他人生中的其他面向，那一切德仔自認為平凡、普通、喜怒哀樂的生命經驗。這樣的橋段一次又一次的上演，讓他漸漸認清他們想要認識的其實是八卦，而並非想真的瞭解「賈培德」這個人真實的生命歷程。

這樣的困擾，並不只侷限於工作或者一般的人際交往上，在面對情感關係時，類似的問題也曾經對他造成傷害。這幾年累積下來，他漸漸明白，雖然比例不高，但的確有一小部份的人，當初是藉由電視、報紙等傳播媒體，去喜歡上一個他們「想像中」的德仔：那個風度翩翩，聲音低沉富磁性，充滿魅力的德仔。這樣的人在剛剛真正認識德仔本人的時候總是充滿熱情，可是一旦發現想像並未等值兌現為真實時，就會如閃電般離去。更有甚者，有些人會覺得，能跟公眾人物發生關係，是「很酷」的，新鮮感消退之後一切便結束。好幾次德仔只能留在原地，獨自收拾著內心的破碎及傷口。原本他習慣單純的面對與他人的關係，但他實在無從得知，有誰是只想滿足自己的幻想與好奇，又有誰是想與他真實的靈魂相交。大約三十幾歲以後，德仔在認識新朋友時，也不似年少時那般容易將心門敞開了。

德仔讀高中時，有個家裡非常有錢的同學，曾經向他說出自己的內心話：「身為富家子弟，一直會遇到一種難題，就是你很難知道誰是真心想跟你交朋友？誰其實是為了你家的錢？」以前德仔只是聽進了字面上的意思，如今似乎真能感同身受。

也許由於德仔的極度理性使然，他一直都用清醒的眼光去看待「三金司儀」，了解這只是一個「頭銜」，而並非是一種職業。就經濟效益來說，即使一年全部包辦所有的五場頒獎典禮，總收入也不過十幾萬。「最有名」的配音員，並不代表「案子接最多」或「價碼最高」，他認為這一點是應該被釐清的。

有機會擔任這些頒獎典禮的司儀，的確對德仔的人生有著深遠的影響，有令他喜歡，收穫豐富的部分，也有讓他覺得困擾的部分。但他一直覺得人生本來就是好壞參半，你不可能只想要某一部分，而將另外一部份全部排除在外，那是不切實際的想法。而人生雖然沒有「如果」，有時候他還是不免會問自己，如果沒經歷過這一切，人生又會有怎樣的不同？

配音員的社會處境

先前提過，配音是個自由度高、時間彈性、單位收入優渥的行業，但也意味著工作本身的風險較高，以及對專業能力有相當的要求。天底下的確沒有完美的工作，當一個配音員，只要接案還算認真，幾乎都可以享受許多上班族無法擁有的自由，以及高薪，但以一個過來人的身分，德仔道出了配音員的社會處境，以及許多在法律以及社會福利上都亟待改進之處。

論及配音員的社會地位，台灣的戲劇配音員，相較於日本，其實地位真的不高。最大的原因是日本有自產的動畫產業，日本聲優（配音員）就是那個角色的創造者，基本上與演員地位差別不大，可以擁有很高的媒體關注度、宣傳預算以及經紀人。台灣內容產業孱弱，電視台雖多，大部分內容卻都是別國的動畫或戲劇，配音員僅是將已由他人詮釋過的角色，轉換成另一種語言而已。

戲劇配音員協商工作條件的對象通常是掌握龐大資源的電視台，對於個別的戲劇配音員來說，很難有足夠的籌碼與電視台談判，在工資上很容易被電視台剝削，所以業界的行情多年來幾乎沒有增加過。相較之下，廣告配音員的競爭力就比較好，由於廣告業主眾多，每年接觸到的業主往往有上百個，特定的業主即使看你不順眼，想要封殺你也不容易，因此談判籌碼與空間是比較多的。

德仔說，一個在廣告配音圈子內站穩的配音員，年收入想要超過百萬，真的是輕而易舉的，但他還是常常從他人的好奇之中，發現人們對這個行業有許多誤解。最有趣的誤解是：「你是配音員，那你的主業是甚麼啊？」在許多人的想像裡，配音這種接案子的工作收入不穩定，加上經驗中又很少聽到有人做這行，便會產生配音只能當外快的印象。

即使廣告配音員算是高薪一族，但從業人數少，整個業界的經濟規模就不可能大。配音員的工作範圍也相對單純，主要是跟各錄音室、電視台合作，製作公司或廣告公司再透過錄音室跟配音員聯絡，依靠經紀公司推案的需求並不強，因此大部分的廣告配音員都是「跑單幫」，自己接案就綽綽有餘了。

不僅僅是在於勞動條件的差異上面，人數的「少」，在其他方面也為配音員造成許多的困擾。因為人數少，在主要的社會結構以及各項規範上，就不會將這群人考慮進去，這不見得是歧視，但這的確是一種忽視。既然看不見這些人的存在，當然也就不易瞭解到這些人的需要。由於全台灣所有的配音員加起來不超過一百人，人數少導致能見度低，政府在考慮各項勞動政策時，也就從來不會顧及他們的需求。

從政府到民間，各階層在制定規章時都沒有將配音員納入考慮，使配音員常常成為妾身未明、無法可依的一群人。德仔當初為了買房子，歷經一波三折，在與銀行相處的過程中，就有深刻感觸。

德仔讀大學的時候申請了兩萬元額度的學生卡，那時不需要財力證明就能辦。在告別學生身分之後，即使已經年收百萬，卻無法辦額度更高的信用卡。因為配音員的工作收入，稱為「執行業務所得」，相對於薪資所得，這種收入別是非常多樣化的類別，在稅務資料尚未完全數位化的時代，政府整理這些資訊所需要的時間相當久。因此，配音員們永遠無法申請到「去年度」的所得證明，而需要再過一年才能得到這些資料。可是銀行為了確保償債能力，都需要前一年度的所得證明作為申辦條件，由於這樣的時間差，要辦卡真的是難上加難。直到二〇〇五年前後，因為各銀行競相濫發信用卡，某家銀行莫名其妙地將德仔的學生卡直接升級為金卡，他才能「以卡辦卡」，申辦到其他銀行的信用卡。

在貸款方面，一個人的償債能力（收入+資產），會決定你在買房子時能貸到的成數。三十二歲時德仔打算買房子，捧著好不容易存到的房價兩成存款，希望向銀行貸到在當時並不算高的房價八成貸款。跑遍了各家銀行，噩夢再次重現，所有銀行都只認德仔拿不到的「前一年度」所得證明，德仔甚至將當年收到的幾百張扣繳憑單全數影印交給銀行，想要證明該年度依然擁有足夠的收入，但最終只換來銀行的一句話：「先生，不好意思，您這種工作在我們的規定裡就是一個月三萬五，只能給您房價六成五的貸款。」

後來還是拜先前長期與同一銀行往來良好的紀錄，那間銀行幾經考慮後才給了他房價八成貸款。這不是銀行故意找配音員這一行的麻煩，歸根究底，還是因為配音員人數實在太少了，許多社會規範很自然地排除了配音員的生活處境。

廣告配音員由於人數稀少加上養成困難，在世界上的大部分國家是被視為藝術創作者般對待，廣播與電視廣告配音的版權也是如同音樂版權一般處理，多版本與多年度皆必須分別收費，享有完整的智財權保障，但這在台灣則是天方夜譚。在台灣，配音員們在工作開始之前常被要求簽下一紙切結書，表示放棄一切著作權利。雖然在業界的潛規則裡，某些程度的版本改作廠商依然會付費，但只要有任何爭議發生，配音員們總會因為這紙切結書而百口莫辯，求助無門。個別配音員因為害怕失去工作加上缺乏工會奧援，使得台灣的廣告配音員不得不讓出自己應得的權利，將自己置於法律上弱勢的一端。

談到工會，為什麼台灣的廣告配音員難以得到工會奧援呢？那是因為台灣的配音人員職業工會長期由戲劇配音員主導，從來鮮少對廣告配音員投以關愛的眼神。相對於戲劇配音員來說，廣告配音員的人數更為稀少，在工會中影響力低，工會主事者由於本身工作經驗的局限，對於廣告配音員的工作處境了解亦不足。換到另一個角度來看，許多廣告配音員也因為預期加入配音工會沒有太多好處，而寧願把勞健保掛在其他工會或是朋友的公司裡而不願加入配音工會，廣告配音員們對工會的影響力就因此而更弱，形成惡性循環。這一兩年來，透過網路，廣告配音員們漸漸組成人際社群，並開啟與配音工會的互動，期待未來能使廣告配音員的權益得到更多保障。

「人數過少」，一直是廣告配音員在社會上陷於不利處境的最大理由，工作與生活狀態不為人所知，因此幾乎不存在於社會上的所有規則與制度之內，德仔認為，這跟同志在社會上的處境，竟也有幾分相似。回到他自己的生命經驗，他認為許多時候，社會不是故意要歧視，或者刻意打壓你，當一個群體人數過少，就容易被忽略，並且被視為不重要，多數人的冷漠與忽視，也是讓無數「個體」難以融入群體生活的關鍵因素。

第三章 辯論教育

在訪談過程中，德仔冷靜而專注的特質展露無遺。他往往在聆聽訪談問題之後，花很短的時間進行沈思，便能很快地切入訪談的主軸，一瞬間彷彿切換到「ON AIR」的頻道，很有條理且絕無虛言地開始進行講述。

人們對於「辯論」有不少刻板印象，但聽了德仔的辯論故事，以及稍加了解台灣近期的辯論發展之後，感受油然而生：原來理性的思辯活動，也有如此迷人且有溫度的一面。辯論與人生亦步亦趨，德仔發起成立「中華辯論推廣協進會」的動機，竟與「中年危機」有密不可分的關係：

「那真的是令人印象深刻的一段回憶……我漸漸能體會罹患憂鬱症的人們，在某些走不過去的時刻，真的會有輕生的念頭。每天早上起床，當眼睛一睜開，躺在床上，我就會問自己：『我為什麼要工作？我為什麼要賺錢？賺那麼多錢要用來做甚麼？不去工作會有甚麼後果嗎？』『就算我真的死了，除了我的家人朋友們會難過，對我自己來說，又有甚麼不能接受的呢？因為無論我什麼時候死掉，家人朋友們都肯定會難過啊！』」

「辯論」這件事，可以算是德仔的人生走到目前為止，少數的信仰之一。當他感覺到自己不再有活著的動力時，這個他曾投注過許多熱情的事物，反過來給了他生存的燃料以及動力：

「如果我已經不再知道為什麼要為自己活。那接下來我就要為別人活，就是這麼簡單。」

德仔的辯論生命

「辯論的訓練有點類似當兵，即使過程中你覺得很辛苦，但往往會留下深刻的回憶，這很難說算不算是好的回憶，但的確很難忘懷。如此耗費你的生命去準備一個活動，去參加比賽，可能贏，也可能輸，可能有成就感，覺得自己終究獲得了些什麼。當你投入了足夠強大的生命力量的時候，它就會在你的生命當中刻下許多印記。」

「辯論」這項活動與德仔的生命有著密不可分的關係，雖然辯論在台灣社會與大眾之間有著一定程度的疏離，但卻蘊藏著豐富的內涵，訓練過程強度很高，相當專業。在訓練過程中被操練，打贏比賽、打輸比賽……這一切都在學習過程中不斷循環，雖然艱苦，卻有更多難以言述的甜美，辯士們懷著高度的興趣與熱情，樂在其中。

追溯起對辯論的興趣來源，德仔也講不出很明確的原因，小時候雖然參加過演講比賽、朗讀比賽等與「聲音」有關的活動，但其實辯論與演講、朗讀之間還是有著本質上的不同。回頭去看，其實他早已記不清當初是否因為將辯論誤認為「說話」的活動而加入。

德仔說，第一次知道世界上有「辯論」這件事，是來自於一位兒時玩伴，他大德仔一屆，上高中後進入了成功高中辯論社。隔年德仔考取內湖高中，便打了通電話給這位朋友，想知道有什麼高中社團可以參加。在朋友的推薦下，德仔進入了內中的辯論社，這也是他除了學校的正課以外，第一次接觸學生社團活動。

不接觸則已，一旦接觸之後，德仔立刻愛上了辯論。他清楚記得新生盃的題目，是「我國普通刑法應廢除死刑」與「我國應設立賭博特區」，是許多孩子們覺得離自己還很遙遠的議題。台灣盛行政策性辯論，也許是因為青春期的孩子都想快快長大，表現自己與同儕之間的不同，討論著法律或者公共政策這些彷彿「大人」才會討論的事，可以讓年少的心靈產生優越感，他那時覺得這樣很酷。

另一方面，德仔從小就對社會有使命感與榮譽感，他認為如果能更深度去理解或討論這個社會上的各種現象，或許能有效產出一些可以讓社會變得更好的方案。當然，對高中生而言，要真正改變社會並不容易，但這卻是一段嘗試以及學習的過程。

德仔認為這樣的討論對社會是有幫助的，是一種「大我」而非「小我」的層次，抱持著這樣的想法，從高一開始，他便積極地參與辯論活動。

（●）

當時，內中的辯論社是很搶手的，想進社團，得先通過考試，即使進了社團，成為辯論社的一員，但若想要成為能代表學校出賽的辯論隊隊員，還需要再考試。考試的資料由學長姊們指定，為了準備這些考試，需要熟讀一整本的《刑法概要》，以及背誦許多法條，至今，那些條文德仔都還記得清清楚楚、琅琅上口。

辯論社是非常「菁英制」的團體，社內鬥爭很常見，大家都在搶有限的資源與幹部位置，以及搶上場的次數。像是春假時舉辦的「內中盃」，即使只是個練習賽，社員們為了表現，還是會競相爭取與實力較強學校對戰的機會。

在辯論社的第一年，德仔的發展順遂，也有不俗的表現，不僅戰績傑出，名聲在北部學校之間也漸漸傳開。但好景不常，才升上高二沒多久，為了社團交接的問題，他就被學長姐冷凍起來了。回想那時被冷凍的理由，他認為最大的原因在於上高二之後，自己與生俱來的叛逆個性，讓學長姐們感到警惕，也無法放心將社團交給他。這段被冷凍的期間長達一年半，對他而言是很大的打擊，一個才高中的孩子，難得尋找到值得寄託並投入熱情的事物，一旦失去或被強制禁止，就像是無妄陷入牢獄之災一樣，苦悶、壓抑的程度不言可喻。

到了大學階段，有些人在高中已玩夠了社團，就不再繼續加入辯論社，但對於德仔來說，辯論是高中未竟的理想。也因為高中的慘痛經驗，他從大一開始，不但非常認真地學習辯論，更做了許多超越他當時年紀應有的，社會化與政治化的思考，以穩固自己在社團中的地位。台灣的辯論圈非常小，校與校、屆與屆之間，彼此都有很密切的接觸，消息的流通非常快速，因此德仔用心地處理自己與同校社員、外校同學間的人際關係。他的努力讓他在社團內外都受到學長姐的疼愛，順利在大二時當上中國文化大學華岡演辯社社長，除了得以參加幾個通常由高年級出征的全國性大比賽，德仔更拿下不少「最佳辯士」，在辯論圈很受矚目，當年被冷凍的陰霾，一掃而空。

德仔的大學生活是以辯論為中心運轉的，辯論活動所耗費的時間、心力都超乎想像地多。準備一個盃賽，大概就需要一至二個月的時間，而一年至少有三個大型盃賽，等於每一年各校的主力辯士都會有半年以上的時間，處於準備比賽的高張力狀態中。當決定投入比賽之後，就得密集地閱讀大量資料，與夥伴討論策略，讓你生活中幾乎容不下任何其他的事。

有些辯論題目，無論是對一般民眾，或者是對大學生來說，都具有高度的專業性。要為比賽題目作準備，得一切從頭唸起，閱讀海量的資料，其中包括不少艱深難懂的學術專書與學位論文，用費力但最紮實的方式去努力。

「我國普通刑法應廢除死刑」讓德仔學到許多刑法的原理原則，如應報、威嚇與再教育等觀念；「我國安樂死應合法化」讓德仔了解現今絕症末期病患的醫療處置方法、嗎啡的使用限制與神經阻斷術；「我國營業稅應劃歸國稅」教導德仔租稅法原理、財政收支劃分法、統籌分配稅款與地方自治；更別說「我國應採總統制」、「我國中央民意代表選舉應採單一選區制」根本是德仔長年以來在學校上「比較政府與政治」或是「政黨與選舉」時的報告內容。

為了辯論，德仔沒參加過高中、大學的畢業旅行，因為暑假期間正是辯論賽事最如火如荼展開的時候，這時候的德仔不是去當評審，帶學生參賽，就是自己要參加比賽。德仔的生命裡缺少了一般大學生年少輕狂的回憶，既沒有夜衝、夜唱，也沒有翹課出遊。別說假日，就算是平常日也常是抱著一堆大專教科書、法條在啃讀，有時也會翹課去國家圖書館查資料，因此德仔與大學同學們之間交集不多。這，就是屬於德仔的「青春歲月」。

「大家都在玩樂，我們卻在那裡唸租稅法。」德仔笑著回憶那段為辯論近乎廢寢忘食的歲月。大學時住在陽明山上，一旦需要討論比賽時，他與社員們常會下山去與已畢業的學姐相約討論。討論比賽是一個張力很強的過程，很累也很耗元氣，到了最後，往往有人說話說到嗓子都啞了。接近午夜時，一夥人結束了當天的討論，騎著機車返回陽明山上，在山仔后的麥當勞前，看見正準備出遊的青春男女，心境別有一番淒涼。這家座落於陽明山上的麥當勞，一直是許多年輕人聯誼、約會、夜衝的集結地點，許多學生們在店門口嬉戲打鬧。德仔看看自己的機車載著厚重的資料，拖著疲憊的身軀，以及嘶啞疼痛的嗓子，頓時覺得人生很悲苦。

當朋友們談到「青春」二三事，德仔的「青春」顯得格格不入。但，犧牲了某些東西，也往往會在其它方面有所獲得，辯論讓德仔的「青春」刻骨銘心，由於曾經同甘共苦，德仔在辯論圈裡交到許多一輩子的朋友。

即便難忘的大學時光已遠，對於辯論，德仔始終還是有所牽掛的，這份牽掛驅使他日後投入推廣辯論活動。德仔認為，辯論活動與其他如圍棋、扯鈴般的技藝活動並不相同，它具有強大的社會性，並不只著重於技藝的精進。德仔期望透過台灣擅長的政策性辯論，能對社會產出實質貢獻，促成有益於社會的政策討論。對於未來想踏入辯論圈的小學弟與小學妹，德仔認為單純就個人領域來說，辯論訓練能鍛造出更好的決策能力，在未來進入社會之後，無論身處在哪個領

大學時期比賽照

域，都會非常受用。

台灣的辯論圈雖然小，但也因此，夥伴們彼此支持、互相取暖，辯論人總是關係緊密，即使不再站在場上衝鋒陷陣，總也不捨離去，而持續的為這方仍待開墾的小園地付出。他曾擔任過板橋高中、延平高中、中國文化大學等辯論社團的指導老師，在各大比賽中擔任評審，也曾受邀至中國大陸與馬來西亞教課或演講。二〇一三年，德仔發起並成立了「中華辯論推廣協進會」，打算在未來的日子裡繼續推動辯論教育。

辯論比賽照片

德仔總說自己做事不易持久，究竟是什麼樣的理由，能讓他對辯論如此的執著，甚至願意將自己的時間與金錢，以及巨大的情感都投注在這件事上呢？這得要從德仔大約三十三、四歲的人生狀態談起，我們容後再敘。此外，德仔會將

「辯論」這兩個字深深刻畫在自己的生命裡，讓自己的身體與血液裡都有它的足跡，更重要的原因，或許是他不願就此對自己曾燃燒過的青春生命告別，是另外一種拒絕長大的浪漫。

甚麼是辯論？

如果對人說起自己在學辯論，對方的反應通常是：「我才不想跟學辯論的人吵架呢！」、「你真的很愛狡辯耶！」、「哎呀反正我辯不過你，我不想跟你說了！」

德仔與辯友們從高中開始學習辯論時，就常遇到類似的狀況，為此，有些學辯論的人會極力避免讓別人知道自己學過辯論。「好辯」、「善於吵架」往往是社會各界對辯論人最常有的刻板印象，這是一種污名化，事實上，辯論與吵架風馬牛不相及。

二〇一一年，總統大選打得正熱，德仔曾因辯論背景受邀上政論節目，討論剛舉行過的副總統候選人電視辯論會。同場有一位身為記者的來賓這樣說：「這是政治辯論，跟你們校園辯論不一樣啦。」雖然這句話應該是出於無心，但也反映出某種現實，社會上都是這樣看待辯論的。那位來賓心中隱約的想法是：政治辯論是現實社會中的活動，而你們所說的辯論，只是一種侷限於校園中，比賽口舌之爭的學生活動而已。這讓德仔深感，即使是高知識分子，也不免對辯論活動有如此刻板的印象。

其後，德仔受邀擔任了幾次國內主要政黨黨主席與總統選舉層級的辯論幕僚，無論是從辯論策略、思考推論的方法、陳述結構，甚至預測對手的論點、選定戰場、安排後續攻防等，所有準備的過程都與所謂的「校園辯論」深切相關，親身印證了辯論並不僅僅能夠應用在學校社團裡。

我國是目前在全世界華語地區中，唯一還保有儒家思想內涵的國家，但也因為深受儒家思想的影響，對辯論一直有較負面的看法。儒家思想是極為成功的統治學，為了君王統治上的便利，並不鼓勵一般民眾進行思考辯證，而是以「禮」作為人們的行為規範。因此，在以儒家為主流的社會中，辯論常是「逞口舌之快」、「強詞奪理」、

「巧言令色，鮮矣仁」，孟子就認為辯論是件負面的事，當他與法家辯論時，都要先說：「予豈好辯哉？予不得已也。」好像辯論是一件不得已的下下策一樣。

受儒家思想深植下的價值觀影響，我們從小就會有「棒打出頭鳥」的觀念，學校裡當老師問問題，永遠沒有人敢講話。如果有同學常發問，就會被認為是愛現、想討老師歡心而受到排擠，所以成為沉默的大多數是最安全的一條路。

與東方思想發展的進程截然不同的，西方哲學的發展，正是奠基在大量的辯論之上。如蘇格拉底、柏拉圖等先哲，都是從不斷的辯證中去發展他們的哲學，辯證就是社會上知識、思想進步的基石。自希臘三哲人之首蘇格拉底發揚其著名的「反詰法」開始，以至對現代辯論影響深遠的黑格爾「正、反、合」辯證法，辯論可說是西方哲學發展的主要途徑。

那麼，到底甚麼是「辯論」呢？德仔說明，「辯論」這個詞可以指稱很多不同的對象，其最原始的定義，主要是使用在學術辯論方面。在此稍加回顧一下蘇格拉底的反詰法，有助於讀者們了解辯論。

蘇格拉底並沒有留下任何著作，反詰法是被記載在柏拉圖的《理想國》一書中，描述蘇格拉底利用一種不斷詰問的方法，使回答者發現自身想法的矛盾，進而能漸漸釐清並界定問題。以下節錄一段《理想國》中的文字：

學生：「蘇格拉底，請問什麼是善行？」

蘇格拉底：「盜竊、欺騙、把人當奴隸販賣，這幾種行為是善行還是惡行？」

學生：「是惡行。」

蘇格拉底：「欺騙敵人是惡行嗎？把俘虜來的敵人賣作奴隸是惡行嗎？」

學生：「這是善行。不過，我說的是朋友而不是敵人。」

蘇格拉底：「照你說，盜竊對朋友是惡行。但是，如果朋友要自殺，你盜竊了他準備用來自殺的工具，這是惡行嗎？」

學生：「是善行。」

蘇格拉底：「你說對朋友行騙是惡行，可是，在戰爭中，軍隊的統帥為了鼓舞士氣，對士兵說，援軍就要到了。但實際上並無援軍，這種欺騙是惡行嗎？」

學生：「這是善行，但那是戰爭中出於無奈才這樣做的，日常生活中這樣做是不道德的。」

蘇格拉底：「假如你的兒子生病了，又不肯吃藥，作為父親，你欺騙他說，這不是藥，而是一種很好吃的東西，這也不道德嗎？」

學生：「這種欺騙也是符合道德的。」

蘇格拉底：「不騙不是道德的，騙人也可以是道德的。那就是說，道德不能用騙不騙人來說明，那麼究竟該用什麼來說明它呢？」

蘇格拉底反詰法是啟發式教育的濫觴，在現代辯論制度當中，經常被應用作為進

行「交互質詢（cross-examination）」時的技巧。

在東方哲學裡，知名的辯論家當屬先秦時期的名家諸子，名家以「名」、「實」之別為核心，發展出許多名留青史的辯論，例如惠施與莊子的「濠梁之辯」：

莊子與惠子游於濠梁之上。莊子曰：「儵魚出游從容，是魚之樂也。」

惠子曰：「子非魚，安知魚之樂？」

莊子曰：「子非我，安知我不知魚之樂？」

惠子曰：「我非子，固不知子矣；子固非魚也，子之不知魚之樂，全矣！」

莊子曰：「請循其本。子曰『汝安知魚樂』云者，既已知吾知之而問我。我知之濠上也。」

以及公孫龍的「白馬論」：

「白馬非馬」，可乎？

曰：「可。」

曰：「何哉？」

曰：「馬者，所以命形也；白者，所以命色也。命色者非名形也。故曰：『白馬非馬』。」

及至秦代併吞六國，秦始皇禁私學，到了漢武帝時更「罷黜百家、獨尊儒術」，名家無以為繼，從東方的學術舞台上消失，殊為可惜。

辯論活動發展到現代，內涵有了改變，現在大家所知道（或以為知道）的辯論，主要被用來指稱使用特定辯論規則，以口語為媒介，對裁判或大眾進行的說服活動，其中政治辯論是較為一般人所熟悉的形式。早期的政治辯論大部分是候選人辯論，自一九九三年的縣市長選舉開始，就零散地出現由媒體主辦，候選人參與的辯論活動。及至一九九四年，陳水扁、趙少康、黃大洲參加的台北市長候選人電視辯論，收視率一舉突破45.5%，正式奠定了候選人辯論在競選活動中的地位。

在實行了多年的候選人辯論之後，政黨與民眾漸漸能接受透過辯論形式來探討公共議題。二〇一〇年時，終於出現了針對單一議題的辯論，就是由馬英九與蔡英文進行的「兩岸經濟協議ECFA電視辯論」。二〇一三年馬英九與蘇貞昌也曾規劃針對「台灣是否應與中國大陸簽署兩岸服務貿易協議」進行辯論，雖然後來因故未能實現，但可以看出政治辯論，無論是候選人辯論或是政策辯論，已經成為台灣政治活動的固有元素之一。

台灣由於擁有獨步全世界華人圈的民主政治發展，長期以來是唯一在校園辯論中實行政策性命題辯論的地區。在公共政策的決策模式與研究方法論當中，作為論理主幹的「一般性論點」成為了台灣政策性辯論中的重要評價基準，其內容有四：

一、需要性：之所以想要改變現狀的動機，可能是現狀存在無法被忍受的缺陷，也可能是為了達成崇高的精神或道德價值，甚至只是為了單純創造利益。

二、根屬性：對前述需要性的成因較具體的描述，通常會以與某項制度或法律、措施的因果關係形式出現。

三、解決力：改變現狀後所採取的新制度，與新制度能確實解決需要性以及解決強度的論證。

四、損益比：將新制度所帶來的利益與其可能產生的弊害進行比較，比較的基準不僅是利益與弊害的產生量，通常更重要的是其各自背後的價值衝突。

台灣的校園辯論已發展了數十年，與社會脈動高度連結的政策性辯論為其特色。德仔認為，台灣應該以能夠發展政策性辯論而感到驕傲，因為政策性辯論只可能在自由的國度裡開花。甚而言之，政策性辯論觀念的普及化，可以促進民間形成政策的品質與效率，讓民意的匯集更有力量影響行政部門與立法部門。

「辯論」是民主在日常生活中扎根的基礎，對於推動政策性辯論的普及，德仔有滿腹的動力與深深的期許。

台灣的辯論環境

「雖然台灣辯論圈在資源上如此困窘，但在世界華人圈的辯論影響力上卻是不成比例地強大。」德仔說道。

整個世界的華語辯論圈，大致是由中國大陸、台灣、香港、澳門、新加坡、馬來西亞等地的華人所共同組成，台灣獨步華人圈的便是「新制奧瑞岡制」與「政策性命題」。至少從民國七十幾年自美國引進具有交互質詢答辯特色的新制奧瑞岡制以來，政策性命題就是台灣辯論圈主要的辯題形式。由於辯論制度與辯題的差異，台灣的校園辯論對於證據的要求標準更高，探討的議題與社會明確相關，辯論人也擁有更多的使命感，保有知識分子的理想性。但與此相對的，為了強調辯論內容，常常過度壓抑辯論技術與口語傳播能力的養成，與外界印象完全相反的，過去在台灣學辯論對口才並不見得有立竿見影的幫助。

前文曾經提到，辯論教育在台灣推展如此緩慢的主因，來自以儒家思想為主的價值觀。儒家思想的發展過程具有高度的政治性，是一種為統治者服務的政治哲學。漢武帝獨尊儒術，而法家、墨家在思想競爭中敗退，是因為儒家在統治學上有一個非常重要的中心思想，就是「禮」這個概念，只要符合禮，就能成為人人稱頌的君子。這使得人民只在乎如何依循這些規範，而不去思索「禮」之所以生成，其背後的真實內涵。

相對於西方世界從辯證中去發展哲學，並以此作為知識、思想的基石，儒家是非常不同的，統治者對於維繫自身政權的穩定性相當在意。要穩定就代表必須在既有的基礎上漸進發展，而不是動輒顛覆、拆解既有的基礎。因此，讓人民去學習辯證、批判，是一件很危險的事，最好被統治者都不要太聰明，避免他們去質疑既有的社會規範。

幾千年來的儒家傳統透過教育滲透進每個台灣人民的價值觀，台灣的孩子從小就不習慣在課堂上發問，喜歡在課堂上發表意見的孩子會被認為是愛現，招惹其他同學討厭。但是「意見」是思考的結果，當你不願意表達意見，就不會想要去思考，導致台灣人不愛思考也不喜批判，這是台灣教育長期以來所面臨的問題。也因為這樣，導致辯論在台灣社會，不像在其它華人社會般的受到歡迎與關注。新加坡、香港、馬來西亞都是非常西化的社會，中國大陸則是因為文革，完全革除了儒家的思想，近年來才開始慢慢復興儒家文化教育。

一九九三年，第一屆國際大專辯論會開打，那時的新加坡與中國大陸在專制統治之下，電視節目乏善可陳，這場辯論大賽採用娛樂性較高的國會制辯論制度，透過電視轉播，風靡了台灣以外的所有華人地區。不但收視率大好，往後每屆選出的最佳辯士也成為風雲兒，不少人畢業後因而成為國會議員或是新聞主播。除了各校皆主動提供預算選拔訓練辯論人才之外，辯論賽也受到各地企業的贊助支持。

上述地區、國家的政府與社會，對辯論都採取相當支持的態度。反觀台灣，辦比賽時大多就只有少數政府部門願意贊助，而且還會挑三揀四，冷言冷語的說些：「用辯論方式處理議題好像有爭議，我們不喜歡有爭議耶，這樣不好啦。」或是提出建議：「可不可以不要辦辯論，改辦演講比賽好啦？」辯論活動在台灣社會的不利處境可見一斑。

德仔說，培養辯論人才需要相當長的時間，無法速成，實戰演練是學習辯論最主要的途徑。辯論的訓練過程很細膩，更需要多次反覆的鍛鍊，師徒制或小班制教學有較高的教學效果，一次訓練幾十位學生相當困難。同時，一場比賽一隊不過就三個人上場，一個社團最少只需要養成大概六個主要的活動分子就足夠，使社團組織極度菁英化，也導致辯論圈人數稀少，且具有高度封閉性。

參與辯論活動需要耗費大量的時間及心力，許多辯士為了準備辯論賽，幾乎鎮日與資料書籍為伍，還得常常利用課餘時間與夥伴討論、演練。大部分的父母因為不了解辯論活動，會覺得不就只是「玩玩」社團而已嗎？為什麼會這麼費時呢？在一切以升學至上的環境下，父母們常因為擔心孩子分心，無法專注學業而反對孩子參與辯論活動。德仔記憶中，常有同學或者學弟妹瞞著父母參加比賽，每到需要外宿時便得假裝是跟同學出去玩，明明是認真學習辯論卻彷彿是在做壞事一樣，對辯論活動的推廣大大不利。同時，學習辯論的初期，一定是從學著問「為什麼」開始，一直追問，問到自己都覺得再問下去很蠢，才能理解每一段論述背後的脈絡。但十六、七歲的年輕人，由於社交手腕還不成熟，適逢叛逆期，常因此與朋友、家人產生衝突，父母覺得孩子被辯論「帶壞了」，就更不願自家小孩參加辯論活動。

一樣是為校爭光，但比起田徑隊、合唱團等熱門社團，辯論社鮮少獲得關愛眼光，更難有預算補助。辯士們為了參與比賽，從報名費、交通費、住宿費、資料影印等一切開銷都得從自己的零用錢裡省，再不然就是靠已經畢業的學長姐們接濟，使學習辯論不但耗時傷神，甚至還成為傷荷包的活動。舉辦比賽想要爭取贊助更是不容易，除了政府單位為了宣導議題出資舉辦的比賽之外，許多時候一場辯論錦標賽的開支必須單純靠各參賽隊伍繳交的報名費支應。在低預算限制下，活動品質與能見度難以提升，使辯論推廣的困難陷入惡性循環。

學校打壓、父母反對、同學也瞧不起你……台灣的辯論人都是在忍辱負重的困苦環境中互相打氣堅持下來的。

雖然缺乏奧援很辛苦，但這也讓台灣的校園辯論得以不受許多政治部門，或是贊助單位的「指導」影響而能獨立發展，尤其是專業辯論裁判制度的建立更是難能可貴。在台灣，辯論比賽的裁判都必須擁有足夠的辯論經驗與訓練，也必須在評判時充分交代評判的心證過程，比賽結果的公信力很高。

反觀中國大陸、香港、馬來西亞或新加坡的辯論圈，主辦單位習慣邀請聲譽卓著的所謂「社會賢達」擔任評審。他們通常不具有辯論專業，在邏輯能力與專業知識上有時還不及台上的辯士，也沒有能力清楚交代評審過程。加上價值性命題的辯論理論發展並不完備，比賽結果難以預測，常常落入辯論活動雖受關注但辯論專業不夠受到尊重的尷尬狀況。

台灣辯論圈的資源雖然困窘，但對世界華語辯論圈的影響力卻難以忽視。華語辯論圈的最高賽事「國際大專辯論賽」，在已舉辦的十屆比賽當中就有四屆的全程最佳辯手由台灣人拿下：一九九三年林正疆（輔仁大學）、二〇〇三與二〇〇五年史上唯一蟬聯全程最佳辯手的黃執中（世新大學）與二〇一〇年的劉彥澧（政治大學）。在不熟悉的制度、不熟悉的辯題形式之下，台灣辯士在國際舞台上的表現依然耀眼。

二〇〇三年前後開始固定舉辦的「海峽兩岸大學生辯論賽」，為台灣辯論圈提供了與其他地區交流的機會。在這個賽事中，深受其他華語地區辯士的便給口才與表演張力刺激，台灣辯士們開始重視台風與口語傳播能力的養成。同時，透過交流，其他國家與地區的辯士們也認識了新制奧瑞岡辯論制度與台灣擅長的政策性命題，台灣辯士樸實嚴謹的辯風與言之有物的辯題對海外辯論圈產生了強大的吸引力，各國辯論圈開始逕相學習，其辯論制度與辯論理論的建立也深受台灣辯論圈發展影響。二〇一四年德仔受邀到馬來西亞演講，主持人誤將美國奧瑞岡大學發明的新式奧瑞岡辯論制度介紹成是由台灣發明的，可以窺見台灣辯論圈的強大影響力。

德仔認為，台灣的辯論環境近年來確實逐漸變好，社會對於辯論的觀感亦較過往友善，但台灣大學生人文素養的日益低落，不免讓他對辯論教育的未來產生感到憂心。此外，少子化使高中辯論社團面臨招生危機，多樣化的娛樂休閒選擇也不利於辯論活動推廣。辯論要如何吸引這一代學子，讓他們願意投入，就是德仔這輩的辯論人所面臨的挑戰。

中華辯論推廣協進會：辯論生命的終章

「在三十四歲時，我就遇見生命中第一次的中年危機。」

一般人從小開始就被社會規範推著走：唸高中、考大學、當兵、退伍之後就業……就業之後再往上爬，結婚、生小孩、買房子。一切看似理所當然，甚至不用去思考、選擇就會照著這條路徑走。當然，這並不是人生的必然，但卻是大多數人的人生寫照。生命走到了一個階段，工作穩定，收入也有一定的水準，更有可能已經成家，有了小孩，買了房子、車子。當這些貌似理所當然的目標一一達成時，你會突然發現，你不知道接下來應該要做些甚麼？但其實往後還有將近四十年的人生要過，要設定甚麼新的人生目標呢？

相較於許多人的人生奮鬥歷程，德仔認為自己非常幸運。約莫在他三十出頭時，工作上有了一定的名聲，經濟狀況不虞匱乏，房子買了，存款、退休金都在規劃的狀態中，作為男同志，結婚生子也與自己無關。那接下來還要解開甚麼成就，才能讓自己滿足呢？有段時間，他找不到繼續奮鬥的理由，對生活中的一切只覺得有著很深的無意義感。

這波中年危機，來得比一般人都要早得多，混沌且失重的狀態，大概持續了半年之久。回想那段日子，德仔用「恐慌」來形容。情緒持續處於低落的狀態，無論面對工作或生活，都像行屍走肉，只是在應付最低的需求與責任，彷彿被埋入無邊的黑暗中，想爬也爬不出來。

德仔本質上是個極度樂觀的人，在此之前，他從沒想過腦海中會浮現輕生的念頭。但在那段日子裡，即使並不認為有可能會去實行，結束生命的念頭依然反覆而持續地出現。事過境遷後，他因此稍微可以體會生命相對比較不順遂的人們，如果性格較為壓抑的話，真的很可能無法度過危機，從低潮中走出來。

在這段抑鬱且乏力的時期中，他努力尋找支持自己繼續往前走的目標，但超乎想像的困難。原來引以為豪的多元價值觀念也成為絆腳石，因為如果每一種人生都同樣的有意義，那似乎也就代表著選擇任何一種人生都不會是正確答案。忽然有一天，他如同頓悟般了解到：「如果我已經不再知道為什麼要再為自己活，那接下來我就應該要為別人活。」

在那一刻起，他盤點自己擅長的幾個領域，從中決定了獻身的對象以及投入的理由。他覺得最需要他的是辯論圈，理由是，這個圈子人數最少，以致於社會願意投注在辯論圈的資源也最少。許多藝文活動、音樂會都比辯論活動更容易得到贊助，甚至可以向大眾售票。相較之下，台灣的辯論活動幾乎毫無經濟利益，可運用資源非常稀少，任何一點進展都會有高度的邊際效益，雪中送炭，勝過錦上添花。

德仔絕非憑空發想，必須從零開始，憑藉經年累月的耕耘，他在辯論圈的人際關係非常好，從他自己算起，至少前十屆，後十屆，加起來共二十幾年的辯論圈人脈，從台灣的五年級生，乃至現在的七年級、甚至八年級的辯論人，他大都認識，也都有一定程度的交情，若他登高一呼，群起響應的人一定不少。

再者，德仔自身經濟狀況穩定，時間也算自由，是最有條件為辯論付出的人。基於理想與實際上的再三考量，最後他選擇了回到辯論圈。於是他邀集許多前輩、朋友們討論，集合眾人之智，發起、成立了「中華辯論推廣協進會」。

從「為自己」到「為別人」，是這次中年危機過後德仔的最大轉變。由於曾經身為廣播主持人，在空中對聽眾說過的話，分享過的心情已經太多，他覺得已經沒有太大的慾望分享自己的生命。在臉書上，他一向只潛水看看朋友的貼文，沒有興趣與他人分享自己的朋友與生活。但為了更活絡的與辯論人聯絡，鞏固推動辯論活動所需要

協會舉辦示範賽

的能量與人脈關係，他開始經營臉書內容與網路社群互動。

他也暗自思索，以往自己的工作經驗都是在表演藝術界，如果要讓辯論的影響範圍更為擴大，讓更多人對辯論產生興趣，他勢必得在公共議題領域擁有更多的連結。為此，德仔透過一連串的行動，將自己置於公共議題領域之中。他將自己的臉書開放給所有人追蹤，進而成立自己的粉絲專頁，也接下了「udn鳴人堂」等專欄，定期撰寫探討公共政策的文章，他也不再總是拒絕演講邀約與採訪邀約。原本對名氣總是有意識排拒的德仔，轉身努力成為一個新的公共意見領袖，這些都是為了推廣辯論活動所做的改變。

創立「中華辯論推廣協進會」最主要目的，是希望讓台灣社會大眾能看到辯論的內涵，以及導正大眾對辯論的許多刻板印象：辯論絕對不是吵架或者詭辯，也不是耍嘴皮子的活動。進而增進社會大眾的辯論概念與能力，加強整體社會的決策能力與公共議題的討論品質。

綜觀國內各級學校辯論社的概況，目前有超過一百所高中擁有辯論社，但辯論學習的強度與品質並不足夠，除了少數傳統強豪之外，有許多學校沒有足夠的資源進行系統性的辯論學習。大學辯論圈更是如此，包含技術學院在內，目前只剩下三十所左右的大學有辯論社，其中體質健全者恐怕不到半數。

比較特別的是，過去科技大學由於鮮有人文社會科系，辯論社少之又少，但這幾年科技大學等技職體系的學校忽然紛紛成立辯論社，例如台科大、北科大，或者明新科大等。德仔推測可能是近來資源在轉介上比較暢通，透過高中辯論圈的發展，某個高中的辯士進了某間科大，將自身的辯論資源帶了進去，結合幾位有心學習的同學，一起將社團建立起來。協會樂見其成，也提供許多協助，例如安排課程與講師，甚至由協會掛名代訓，開始讓他們慢慢發展自己的人脈關係。對體質還不夠好，亦即短期內可能有倒社危機的，協會也希望能盡一己之力，幫助社團站穩腳步，穩定社團經營。

能做到什麼程度，德仔並不清楚，但盡力協助成立大學辯論社並提升社團品質，使總體辯論社數量穩定攀升，是第一步。按大數法則，參與學校數目一多，辯論活動的媒體的能見度也就增加了，先求量變，才能產生質變。舉辦盃賽時，報名的社團多，在企業資源爭取上將更為有利，政治部門的關愛眼神也會完全不同。此外，辯論人的母體擴大，相互崢嶸之下，勢必會累積更多可運用的資源，有助於辯論圈整體的成長。

與民進黨青年部合辦辯論課程

至今，協會已經連續舉辦了四屆CDPA辯論錦標賽，一方面提升比賽規格，讓辯論活動在接觸社會時不再被視為校園社團活動；二方面以免報名費附住宿的方式，減低資源較不足的中南部學校北上參加辯論活動的成本。

協會的成立，對向下紮根有了施力點，但對向上推廣，目前還需要長足的努力。如果主政者與政治部門，能運用由政策性辯論所精煉的成果，藉此做出更好的決策，這才是台灣政策辯論所能帶給社會最好的一份禮物。因此，協會也積極與政治部門洽辦辯論工作坊，希望藉由長期合作，先建立起國內的政黨與政府部門對辯論活動的正面印象。

就像辯論的訓練無法速成一般，辯論活動在台灣的推動也仍長路漫漫。德仔期盼在未來，有更多人能看見台灣的辯論人，在資源拮据的狀況下，於政策辯論領域所累積的斐然成績，並且在這個社會的不同角落，更多不同世代的人心中，都種下辯論的種子。

第四章

劇場演出

人對於不瞭解的事物，接觸之前往往憑空猜想，但一定要親身接觸之後，才能發覺其魅力何在。

一九九六年起，德仔開始參與劇場演出，他說，從事劇場表演，能讓自己享有簡單的快樂，即使背劇本、排戲相當耗費心神，但當作品被呈現在觀眾眼前時，得到的成就感及心靈滿足是難以言喻的。

細數德仔近幾年參演的作品，包含音樂劇《木蘭少女》（台南人劇團V.S.瘋戲樂工作室）、白雪綜藝劇團的《風月救風塵》、同黨劇團的《金控迷霧》、《平常心》等。一齣舞台劇，從開始排演、背劇本、順走位，乃至導演與演員間，或者演員彼此之間的溝通與磨合，在在都隨著時間、空間的不同，而蘊含著許多化學變化。

台灣的劇場環境向來艱辛且充滿挑戰，但依然有許多劇場人用自身的熱情作為燃料，讓這盆火傳承至今，沒有熄滅。劇場演出並非德仔本業，他遊走在幾個劇團之間，置身於劇場人的灰色地帶，或許也因此取得了一個相對客觀的位置，在訪談中提及不少關於理想與實際等不同層面的建議。

每場舞台劇演出就像現場演唱會一樣，會因為演出時間、地點，以及參與者的不同，而擁有其獨特的生命。在訪談尾聲，德仔語重心長地表示，花幾百塊走進劇場看一齣戲，其實真的沒有比花差不多的錢去看一場電影，來得「不值得」。現場演出帶來的表演能量，演員展現出最真實的線條，劇場與觀眾的互動充滿溫度，是透過大銀幕、小螢幕觀賞一個作品完全無法比擬的。你得強迫自己進劇場，才能體會這種生猛直率的表演能量，德仔的表情彷彿這麼說著。

業餘的劇場人

對於劇場，德仔一直是順勢而為，其實從來沒有打算要成為一位全方位演員。劇場是他的興趣，並未想過要讓它成為職業，對自己也不存在太高的期待。要成為一位全方位劇場人，理論上需要在「演」、「歌」、「舞」上面都有平均的表現，德仔知道自己的舞蹈很弱，無法與受過舞蹈訓練的演員比擬，但無論如何，他都希望在既有的能力範圍內發揮到最好，好好享受參與劇場的過程，甚或，能演出一部讓自己覺得及格的作品，就覺得心滿意足了。

許多劇場演員為了培養自己的各項能力，常會在閒暇時進修，無論是參與戲劇大師所舉辦的工作坊，或者回學校上課，從中磨練自身的表演能力。相較於其他劇場人，德仔並沒有就讀過表演科系，也沒有受過舞蹈等專業訓練。但由於他身為配音員，多年來從事聲音表演工作，對表演能力有一定程度的理解與累積。進行聲音表演時，會同時帶動情緒、表情、肢體等，在配音的過程中其實也等於部分的操作了聲音以外的其他表演。德仔就以自己從聲音表演工作中所累積的能力為基礎，去發展他的劇場演出。

探究德仔接觸劇場的機緣，還是要回到他的生長背景中。德仔的母親出身於國防部藝工總隊，是台灣早一輩的舞台劇演員，這也讓他在很小的時候就跟劇場有了第一次的接觸。

三十年前，台灣劇場人才的主要來源就是出自於國防部藝工總隊的話劇隊，他們大多就讀於政工幹校戲劇系，與我們現在所知道的劇場界是完全不同的體系。本質上，「話劇」指的是以對話形式表現的戲劇，對較少接觸音樂劇與歌劇等形式的一般人來說與「舞台劇」一詞常常混用。近年來大家不大使用話劇這個名詞了，常用「舞台劇」一詞替代，事實上只要是在舞台上搬演的，包括默劇、舞劇等都算是舞台劇的一種。不過無論如何，這些都是「劇場」這個大概念底下的分類。

德仔小的時候算是跟著母親在國軍文藝中心的後台長大，有時候場上需要小孩，例如要演過年子孫滿堂的戲，大家就會讓孩子們客串。德仔強調，即使在很小的時候就接觸過劇場，但那真的就只是接觸而已，沒有任何刻意的訓練，也沒有想過要成為演員。不過，童年經歷在心裡烙下了痕跡，從小耳濡目染，劇場的運作與氣氛，都留在他的記憶中，等待日後的萌芽。

（（●））

在德仔大三的時候，踏入劇場界的機會來了，他結識了一位中國廣播公司的企畫製作，這位企製也正好剛開始經營劇場事業，他就是「白雪綜藝劇團」的團長松田丸子。「白雪綜藝劇團」（原名「白雪綜藝團」），一九九八年正式更名），是一九九五年時由一群戲劇系的學生利用課餘時間所組成的。在他們嘗試過的諸多表演形式之中，以反串秀最為叫好又叫座，這便漸漸成為劇團的演出特色。男演員們刻劃、詮釋著各種女性角色，表演細膩而精湛，演出方式有歌有舞，舞台效果華麗炫目，是台灣劇場界著名的扮裝表演團體。

某天，松田丸子打電話給德仔，問他：「要不要來演男主角？」德仔直覺的反應：「我完全沒經驗耶，而且你們劇團人那麼多，為什麼要找我演男主角？」丸子神秘秘地說：「反正你來了就知道了。」等到德仔抵達排演場地的那一刻，他才恍然大悟，全場舉目所見的都是風華絕代的女主角，雖然他們的生理性別都是男性，但並不適合飾演刻板的男性角色，所以才另找他來飾演男主角。

悶熱的夏日夜晚，德仔與劇團成員在誠品敦南店前搭舞台演出《夏日遊戲「扮裝風暴」》，這是德仔真正的舞台初體驗。但此時他對「表演」還沒有甚麼概念，只是覺得表演很有趣，與其他劇團成員合作也非常開心，僅此而已。

二〇〇二年，德仔演出音樂劇《戀人物語》，是他第一部擔任主要角色的劇場演出。之所以有這個演出機會，起源於德仔對音樂劇的熱愛。高一時，德仔透過非常要好的同學認識了音樂劇，從此樂此不疲，他收藏了諸如《Cats（貓）》、《Evita（艾薇塔）》、《Jesus Christ Superstar（萬世巨星）》等著名音樂劇CD，一頭栽進音樂劇的世界。這個興趣延續到就讀大學之後，更漸漸興起進一步參與音樂劇演出的想法，而報名了果陀劇場的音樂劇班。

經由音樂劇班的成果發表，德仔結識了同黨劇團的團長邱安忱，並受邀參演《戀人物語》。這齣戲扎扎實實的排練了八個月，排練期間比起一般劇場演出長了許多，其後在國家劇院實驗劇場公演。從現在的角度回頭看，德仔覺得那齣戲簡直是一場災難，劇情很芭樂、演員青澀、音樂陽春、服裝也很恐怖。他穿著一件及膝的短褲，在褲子前面有一片藍色的薄紗，當他在舞台上跑動的時候，這片尷尬的薄紗一直卡在雙腿中間，畫面超蠢也超詭異。

不過，當時台灣的音樂劇剛剛起步，所有的人都幾乎完全沒有經驗，大家年紀也輕，成果不夠理想是意料中事。事實上，從排練到演出的整個過程裡，德仔都很開心，現場觀眾的迴響也並不差。當年參與演出的導演、演員與工作人員們，有許多後來在台灣劇場界都爭到了自己的一席之地。

《戀人物語》之後，德仔與早期在台灣小劇場界相當知名的「台灣渥克劇團」合作，演出《我的光頭校園》，也與「給我抱抱」團隊合作脫口秀表演。

在德仔三十歲那年，參演了音樂劇《I Love You, You're Perfect, Now Change》，由「嵐創作體」製作，在皇冠小劇場演出。這是一齣全英文的音樂劇，當時總共演了三十場，場場爆滿，對他而言，那是一段非常特別、非常滿足的經驗。這齣戲無論是劇本、音樂、演員等都有極高的水準，做為一個演員，能演到這樣的製作是很幸福的事。隨後他又接演了一部獨立製作《Smokey Joe's Café》，也是英文音樂劇，但由於角色需要大量的舞蹈動作，演出過程中讓他受到了不少挫折。

還有這幾年觀眾所熟知的《木蘭少女》，《木蘭少女》是德仔第一次在國家戲劇院演出，在劇中他擔任「歌隊」。團長呂柏伸找他的時候，有點抱歉地跟他說，其實原本有更想要他演的角色，但現在只剩下歌隊。因為德仔原本就想跟「台南人劇團」合作，所以完全不介意角色，欣然應允參演。事後他感概的

LPC劇照

說，在一般人心中，歌隊演員總是被當成不重要的龍套角色，但是由於歌隊演員必須一人分飾多角，幾乎在整個從排練到演出的過程中都沒有休息的時間，加上會有非常多舞蹈動作，演出歌隊對演員的精神與體能不但是非常大的挑戰，更是舞台上不可或缺的存在，重要性絕不遜於主配角。

（◉）

二〇一五年，演出「同黨劇團」的《金控迷霧》與《平常心》，是他第一次演男主角。德仔平均每一年半左右會接演一齣戲，演出頻率並不高，但他說二〇一五年接了比較多戲，而且都是擔綱男主角，所以耗費了更多的時間心力在劇場表演上。

劇場工作者的工作週期與一般上班族不大一樣，他們總是在三、四個月內將全部的生命能量灌注在一部製作中，燃燒到極限，演出結束之後放鬆休息一段時間，再起身迎向下一部製作。但是像德仔這樣另有本業，兼接劇場工作的人，就必須在勉力維持日常工作節奏的同時，透支自己去配合演出對精力的大量耗損，從這個角度來說，在某些時候可能比專職的劇場工作者更為辛苦。

平常心劇照（由同黨劇團提供）

金控迷霧劇照（由同黨劇團提供）

德仔戲稱投身劇場演出為他帶來了一些「後遺症」，由於親身參與戲劇演出，對戲劇的視角與一般觀眾勢必有所不同。一旦他又回到台下觀賞劇場演出，甚至在看電影、電視的時候，會反射性地將自己的演出經驗投射到正在觀賞的作品裡，或是會注意到許多一般觀眾在看戲時不會意識到的部分，例如走位、換景等等。他有時會感到困擾，一旦從事表演工作之後，便很難再單純用一個普通觀眾的角度去看戲了。

每個人決定從事劇場演出時都有不同的出發點，有些人想藉著表演自我療癒，或者去省思曾經的生命歷程，有些人則是想藉此找回最純粹的自己。相形之下，德仔很直率地說，其實他沒有這麼多複雜的想法，只是想單純的享受表演帶來的快樂而已。參與劇場演出，對他來說必須負擔很高的機會成本，因為劇場工作收入微薄，如果將排戲的時間拿去接配音工作，他可以賺更多的錢。尤其當一齣戲到了開演之前的一個月，是時間最忙碌、最壓縮的狀態，但他還是會儘量排開自己的工作，將可以運用的時間全部挪出來給劇場。德仔願意這麼做的原因很簡單，是因為參與劇場演出給予他的快樂，是金錢所買不到的，這也不知不覺的讓他與劇場結緣了十幾年。

舞台的致命吸引力

台灣目前的劇場環境，無論談規模或是資源，都遠遠不及世界上的許多其他國家，但即使是如此艱難的環境之下，還是有為數眾多的劇場人願意獻身般地投入，不難想見它必定有著獨特的魅力。而劇場工作的迷人之處，若非親身投入其中，很難明白。

舞台劇的演出形式，與電影、電視有很大的不同，後兩者可以容許演員NG一百次、一千次，但舞台劇永遠得要「一鏡到底」。因此，舞台劇演員必須在毫無容錯機會的狀態下上台，對表演的專注與連貫性都有更高的要求。此外，舞台劇演員在舞台上將自己全然的展現在觀眾面前，表演時是全面地運用自己的整個身體在表演，並非只專注於某個鏡頭，或是某個表情、動作。德仔解釋，這並非意味著電視、電影在鏡頭下的表演就比較簡單，它也有更為困難之處，與完全不同的專業功夫。但舞台上的表演，是能更全面性的去檢視一個演員「演、歌、舞」各面向表演能力的一種表演形式。

「人生沒有機會重來」，是德仔愛上演戲的最大原因，因此他總是離不開劇場。演戲能讓人扮演許多不同的角色，在某種程度上，彷彿也能讓人嘗試著去過不同的人生。人生是不斷累積的，無論我們在生命中的任何時間點做了決定，都會是奠基在既有的基礎上所做的改變，這些基礎包括我們的家庭、人際關係、專業技能與經驗、性格養成等等。人一旦成長，便難以抹去過往，生命是一段無法回頭修改的旅程。但是作為一個演員，可以儘管拋開這一切，從零開始建構一個全新的自己，嘗試在角色建立的過程中做出許多與自己的人生不同的選擇，成就自我成為一個完全不同的人。

同時，演員也可以藉由詮釋一個角色的過程，表現出生命中原有的，但別人其實並不認識的自己。每個人或多或少都被這個社會所規範、限制著，在日常生活裡，我們被要求要有教養、禮貌，談吐要溫文爾雅，這些是社會較為認可的價值。可是演員如果有機會扮演一個暴躁易怒的角色，你就可以光明正大的暴躁易怒，或是扮演一個冷血陰森的角色，你也可以光明正大的冷血陰森，不用擔心他人的眼光，更不用擔心因為犯罪被送入監獄。德仔認為這是作為演員最重要的特權，在戲劇裡，你可以去做所有在日常生活中並非如此恰當，甚至完全被禁止的事。就算是扮演自己，在虛構的劇情裡也可以讓你去活出全然不同的人生，對德仔來說，這是劇場最重要的魅力。

「表演」也能開發出演員的許多潛力，其程度往往超乎我們想像。德仔與「白雪綜藝劇團」的合作，就是一個有趣的過程。這個以扮裝歌舞秀為主要演出形式的劇團，團員清一色都是男性，但他們都是「女主角」。在與白雪的團員們合作的過程中，德仔看到這一群生理男性，發散著傳統上被認為只有女性才能擁有的魅力。原先他沒有想過，女人的嫵媚、女人的韻味，可以被這些男演員們發揮到這種程度，德仔笑說，即使自己已經是個同性戀，比較不被性別刻板印象制約，依然在親眼看見演員們的肢體語言、眼神表情輕易跨越性別藩籬時受到震撼。

舞台劇是一門涵蓋範圍很廣的藝術，演員僅是其中的一部分，要如何讓自己的表演恰如其分地與其他劇場元素搭配呢？演員們常會在「期望表現突出」，以及「讓整齣戲得以完整」之間矛盾著，在排戲的過程中，演員與導演，或者演員彼此之間都需要不斷磨合與修正。德仔也常遇到類似的課題，我們可以舉他與「白雪綜藝劇團」最近的合作為例。

由於「白雪綜藝劇團」是以反串為重要賣點，在與他們合作的時候，德仔必須要有意識地去壓抑自己的表演狀態。意即，如果自己的角色詮釋太過特殊，反而會影響到其他的扮裝演員，也會干擾到劇團本身特色的呈現。他認為讓自己中庸，角色不過於鮮明，是一種表演上的選擇，對整齣戲的呈現也是好的。在舞台劇《風月救風塵》排演過程中，他與導演便有了一些爭執。導演認為德仔的角色，要平實地演，才能凸顯那些「男扮女裝」反串演出所造成的反差，也才能提煉出整齣戲有趣的效果。然而德仔作為演員總不自覺的期待能在舞台上表現更多的東西，與導演之間便需要大量溝通，也必須不斷的自我調整。紅花需要綠葉的襯托，總要有一些不可或缺的平板角色，去襯托這些「女神」們的表演，這是戲劇演出中很自然的事。

舞台劇演員常會在「歌」、「舞」、「戲」上，盡力去發展自己擅長的部分，但相對不足的地方，也需要再花心力儘量補足，讓表演不至於太過傾斜。一位舞者出身的演員，其舞蹈的能力、身體的協調性往往就比其他演員來得卓越。但要能做到三種能力都有中上水準的理想狀態，仰賴有系統的訓練，相較於美國百老匯演員的平均水準，台灣的演員們還有很大的進步空間。

由於每個人「歌」、「舞」、「戲」基礎背景的落差，有時會導致劇場工作者彼此之間互相理解的困難，排戲過程中不免意見相左。德仔曾演過一齣紀念兩位黑人音樂作曲家的音樂劇

風月救風塵宣傳照（由白雪綜藝劇團提供）

《Smokey Joe's Café》，對他來說，演出過程中裡最大的困難，是劇中的大量爵士舞動作。德仔不是一個舞蹈科班出身的演員，所以他自己也很明白，相較於受過舞蹈專業訓練的演員們，自己的肢體能量是有限的，舞蹈表現不可能比得上其他演員。但當時的導演是舞者出身，會要求許多他認為理所當然做得到，但對德仔來說是天方夜譚的動作。此外，舞者出身的導演，對演唱比較沒有概念，在編排邊唱邊跳的舞蹈動作時，就會產生一些狀況。例如沒有在舞蹈動作中留下換氣的空間，或是舞步的身體伸展與演唱時力量傳遞的方向相反，但因為導演對於演唱技巧的理解比較少，很難感同身受演員們遇到的困難是甚麼。除此之外，在諸如表演風格、語言表達方式等許多層面上，導演與演員之間也常常會因為彼此的理解與溝通不足而產生矛盾。

即使排演舞台劇的過程中摩擦衝突難免，但無論如何，德仔都認為作為一個劇場演員，比起電視、電影的演員來說，是相對幸福的。在舞台劇裡，導演與演員，彼此權力不對等的情況，遠比電視、電影裡好上太多。而舞台劇演出時，由於最後只有演員站在舞台上，所以演員演出時能控制的詮釋空間會比電視、電影演員大很多。同時，因為必須照著劇本的場次順序演出，舞台劇演員更能夠掌握與享受整場戲的演出過程，比較容易理解以及調整自己的表演方式。這也是為什麼有些好萊塢的演員會認為，只有在百老匯舞台上的演技，才是真正的演技。許多演員演商業電影演久了，還是會需要再回到劇場重新打磨一下自己，即使拿的酬勞遠比演出電影時來得微薄，但再次站上舞台，重新汲取表演的養分，那種心靈上的滿足，是無法用金錢衡量的。

參與劇場演出多年，德仔認為自己可以算是半個「劇場人」，但由於並非以劇場為業，接戲並不頻繁，也非科班出身，或許有部分劇場人認為德仔不算圈內人。但他相信劇場是開放的，只要任何人在表演過程中可以得到快樂，並且確實的對觀眾傳遞出感動，就適合，也應該成為劇場的一份子。

台灣劇場界的現況，以及台灣的音樂劇

從小跟著母親耳濡目染，德仔所看到的台灣劇場發展史有點不同。老一輩的劇場人，跟現在的劇場人，是不同時代背景之下，未曾有過交集的兩群人。

台灣劇場界有著明顯的發展段落分野，約莫一九八〇年代以前，台灣劇場界的組成分子，幾乎全由政工幹校戲劇系畢業的學生包辦，其中有許多人任職於國防部藝工總隊。在那個年代，無論是配音、劇場、廣播等行業，從業人員的同質性很高。這些表演工作之所以全由軍方體系所包辦，是因為當時的台灣缺乏對表演藝術專業教育的培養環境，而政戰體系由於政令宣導與政治作戰工作的需要，反而提供了最完整的戲劇人才培訓。後來才漸漸出現非軍方的學校所創立的戲劇系，如：北藝大、台藝大、台大戲劇系等，也才產生了與原來軍校體系相異的劇場養成環境。

軍方話劇隊所演的戲，一部分是政令宣導，一部分是各種經典與原創劇本，但由於具有政府官方身分，在藝術層次的發揮上有著較多的限制。所以到了八〇年代，社會更為開放之後，民間的劇場人會試圖去衝撞過往教條式的表演形式，這也與台灣新浪潮電影的流行處於大約同一個時期。此時，劇場界出現天翻地覆的轉變，國軍藝工隊裁編，人數漸少，漸漸退出台灣的劇場圈，現在人們所熟知的劇場界，與三十年前的組成是完全不同的。劇場界前後期所產生的斷層，造成許多歷史資料未被妥善保存，讓德仔覺得非常可惜。他一直希望能夠有心力回頭去找尋、並保存當時的史料，這是人生眾多的「待辦事項」之一。

八〇年代以後的劇場界，與台灣的電影界有著相似的問題。台灣的實驗劇場或小劇場，甚至整個主流劇場界，有一段時間離觀眾是相當遙遠的，作品取向小眾，也沒有太大的意願與觀眾溝通。直到後來商業劇場逐漸成型，經由在行銷、劇本創作、選角等等商業操作的成熟，讓台灣出現了賣座亮眼的舞台劇製作。

一部劇場作品，究竟該評價為好或壞，必須探究創作的目的是想要產出戲劇意義上的好戲？還是商業意義上的好戲？如果只將劇場界劃分為「商業劇場」及「實驗劇場」，稍嫌粗略，在商業與實驗劇場之間，應該有個光譜，用來對應目前在台灣的許多大大小小的劇場，藉以瞭解他們的屬性與定位，但為求方便讀者理解，我們暫且以這樣的分類來敘述這個問題。商業劇場，需要憑藉售票來支應開銷，為了創造票房，在題材或演員的選擇上就必須採取市場導向。例如找知名藝人或者在電視電影圈已有觀眾基礎的演員來演出，由於表演能力不見得是選角的第一考量，就無法期望所有的藝人或演員都能擁有如同專業劇場演員般的表現。但即使如此，考量這些名人對票房與宣傳的「加持」，這種選角方向相當常見。商業劇場在劇本創作與導演手法上也無法避免的較為媚俗，比如：會刻意在上半場安排目不暇給的笑點、然後在下半場劇情急轉直下努力催淚，採用成功率較高的劇本公式。這是商業劇場成功的必要操作，很難直接評價是好是壞。

商業劇場也不乏許多叫好叫座的作品，例如《人間條件》系列，在擁有深刻劇情與強大演員表演能量的同時，也是賺錢的製作。但這系列作品的成功，有不少還是得歸功於名人加持以及行銷預算，像是路燈旗、媒體投放廣告的大量露出。對照之下，這種規模的行銷預算便是中小型劇場所不可能負擔得起的。

相對於商業取向的劇場，實驗劇場就沒這麼在乎票房，許多劇本，會試圖與戲劇理論結合，並以實驗性或學術性目的為創作的考量，而非追逐觀眾的喜好，不意外地，票房很容易慘不忍睹。德仔認為實驗劇場存在的意義，在於「發展各種戲劇的可能性」，當某些可能性被試驗、實作了以後，後續就有可能經過淘選、淬鍊、被包裝、調整，而成為商業劇場發展的養分。實驗劇場由於不以商業利益為導向，德仔認為政府應該以文化培力的角度介入，補助、扶植，讓劇場工作者們在至少溫飽無虞的狀態下安心從事創作，再從這些土壤中去粹取菁華，未來就有機會在商業劇場開花結果，並在文化上產生更大的影響力。有了實驗劇場的前人種樹，劇場產業才能不斷的引入活水，成為台灣文化發展的助力。現實上，大部分的劇場演出都部分符合以上兩種典型，也存在著許多希望同時能親近觀眾，也不想完全以商業為導向過度迎合觀眾口味的劇場作品，但無論是哪一種，德仔認為在道德上都沒有優劣之分。

在各種劇場表演形式中，德仔特別想談談音樂劇，這是他進入劇場時接觸的第一種戲劇形式。台灣的音樂劇大約自1990年代開始發展，從綠光劇團的《領帶與高跟鞋》，果陀劇場的《大鼻子情聖西哈諾》、《吻我吧！娜娜》開始，台灣劇場界陸陸續續創作了許多原創音樂劇作品。像是音樂時代的台灣音樂劇三部曲《四月望雨》、《隔壁親家》、《渭水春風》；天作之合的《天堂邊緣》、《MRT》；人力飛行劇團的幾米音樂劇三部曲系列《地下鐵》、《幸運兒》、《向左走向右走》；耀演的《DAYLIGHT》、《釧兒》；台南人劇團與瘋戲樂工作室的《木蘭少女》等等。

音樂劇需要藉著「音樂」去推動劇情，這也是它被稱為音樂劇的原因。但不少台灣音樂劇的製作方式，本質上並不太像音樂劇，總是演一演，然後唱一首歌，再演一演，又再唱一首歌……，音樂內容與劇情推動是割裂開的。會有這樣的狀況發生，要歸因於台灣缺乏真正受過音樂劇養成訓練的劇場創作人才，許多音樂劇都是由寫流行音樂或商業配樂的人來寫，但是流行音樂與音樂劇，兩者在創作概念上是截然不同的。近年來，隨著台灣音樂劇的發展，漸漸出現了一些專門譜寫音樂劇的人才，創作品質也在持續提升，諸如作曲家王希文、冉天豪都創作過許多不錯的作品，但由於缺乏像國外一樣的完整音樂劇教育環境，整體進步的腳步要再加快有其困難之處。

在開始製作一齣音樂劇之前，首先必須設定音樂劇的音樂性格，不同的曲風，承載了不同的情緒以及文化的氛圍。搖滾音樂劇、爵士音樂劇，或者以藍調、電子等各式曲風為創作核心的音樂劇，都會因為音樂種類的不同而決定整齣戲設定的背景與風格。台灣比較缺乏這樣的創作觀念，始自於台灣沒有經過西洋音樂發展的整個歷史，所以人們對西洋音樂的印象常常只有當下的「流行」而已。台灣的流行音樂專輯，總是強調「一張專輯，多種曲風」，表現在音樂劇上，有時也會出現「大雜燴」的狀況，在一齣音樂劇裡面塞了許多不同的曲風，讓整齣戲的性格不統一。出現快歌的時候，是搖滾樂，幾分鐘之後進入浪漫場景又變成台式情歌，這是種取巧、不專業、又缺乏創作態度的作法。

此外，如前所述，台灣音樂劇演員的表演能力仍有進步空間，在缺乏完整訓練環境的狀況下，難以培養出全方位的音樂劇演員。有些演員也許可以演，可以唱，但或許就像德仔自嘲的有「肢體障礙」。有的肢體表達很強，但唱功普普，演技更糟。百老匯的演員其實不見得個個都有驚人表演能力，但「歌」、「舞」、「戲」的平均水準還是遠遠勝過台灣的音樂劇演員們。

相較於國外的音樂劇，台灣的音樂劇發展仍屬初階，國外著名的音樂劇，由於文本被淬鍊了千百次，會來台灣的巡演的，也幾乎都是很經典的劇本，無怪乎許多觀眾趨之若鶩，門票每每一開賣就立刻售罄。即便如此，台灣的音樂劇並沒有銷聲匿跡，許多劇團持續嘗試努力，依然時常有充滿創造力的作品出現。

貧瘠的劇場環境

台灣劇場界不大，走到哪都遇得到熟面孔，由於市場小，沒有哪個劇團真正養得起演員，大部分獨當一面的演員，都會與多個劇團合作。例如，知名劇場人王柏森最常與果陀劇場合作，但他並不是只演果陀的戲；新銳女演員李劭婕除了與台南人劇團有頻繁的合作關係，也漸漸將觸角伸展至其他的劇團或電視、電影演出。除了各劇團的團長、導演之間的相互合作較少之外，其餘的製作群、演員們常有各式各樣組合的可能，也有緊密的聯繫。一位演員如果只跟特定劇團合作，有的時候是因為劇團或個人表演風格較為特殊，也有些時候是演技尚未成熟，或者能力還沒有被其他的劇團看見。

市場小、從業人員少，自然無法吸引到太多政府的關愛眼神，也就不願意花更多資源培植這個領域。德仔很感慨於這種短視的態度，政治人物站在選票的角度，總會向最被人民看見與關注的事物靠攏。但許多事並非一朝一夕得以速成，表演藝術的發展，對社會乃至於國家的軟實力來說，都是非常重要的。事實上，台灣的小劇場，在華人世界具有一定的重要性。可是這個重要性的成形從來只來自於民間的努力，與政府沒有太大的關係。

政府的補助往往大筆流向已經成名、並且早已自負盈虧的團體。雖然針對中小型劇場也有補助，但資源分配上是失衡的，以致於大者恆大，小的劇團則持續在夾縫中求生存。德仔認為，愈能自立、愈有賺錢能力的團體，愈不該優先成為政府資助的對象，相反地，政府應該將補助更多的分配給較小、較缺乏資源的團體。表演團體想要爭取企業贊助總是很困難，一般人想得到的知名團體，如：雲門舞集、優人神鼓等，可能會有企業願意贊助，但是其他的中小型劇場實在很難得到企業的青睞。一方面他們的預算太低，維持演出的進行已經很困難，沒有更多的經費去做行銷宣傳，企業也很難接觸到他們，就算有企業想贊助搞不好還沒有門路，導致資源嚴重失衡。

除了劇團本身需要找到更多資源活下去，遊走在各劇團裡、懷抱著夢想的個別劇場人們亦同。台灣的劇場演員通常都要另兼副業才能支應生活，劇團負責人們更是如此，很多人都是好不容易賺了一筆錢，砸在一齣戲上，賠光，再去賺一筆，又再賠掉。燈光、舞台等技術工作人員同樣辛苦，往往必須私下接許多非劇場演出的案子，像是地方節慶晚會、產品發表會、校園演唱會等等，才有辦法負擔生活中的大小開銷，很是無奈。各國的劇場工作者都有相似的困境，即使是百老匯的演員也是，尤其是開剛開始入行時，許多人都得靠端盤子與各種兼差才能苦撐著追尋夢想。

連平日都吃不飽了，就根本沒有餘力可以規劃退休生活。德仔一直留心台灣劇場的發展斷層，幾十年前，在藝工總隊工作的演員們，大都是公務員與軍人，由於他們有終身俸，不用擔心退休的問題，所以衣食無虞。但是，到了台灣劇場界開始革命之後的這批劇場工作者，年紀最長的，目前推測大致將超過六十歲，這一整代的劇場人幾年後即將面臨退休，卻恐怕有很高比例的人無法負擔退休生活，屆時可能會演變成一個嚴重的問題。

目前在台灣甚少有真正符合每一種劇場形式所分別建造的場地，德仔認為政府對於劇場這個概念並不瞭解，對於市場更是一無所知。各級政府單位，甚或少數民代在選舉時，動輒提案要蓋「多功能表演廳」，這意味著期待它可以符合各種表演藝術的表演需求，但事實上這個「多功能」就代表著它無法符合任何一種表演藝術的需求，因為不同的表演形式所需要的條件以及場地需求，常存在許多的互斥。例如適合音樂性演出的場地，在音場設計上有很多要求，所以場地的空間必須嚴格控制在固定的狀態下；但對於實驗劇場而言，為著如戲劇與觀眾間關係的不同安排等多元表演形式的需求，場地必須是可以任意變化的，這兩者間就存在著本質上的矛盾。全台遍地的「露天劇場」更是政府為了政績方便便宜行事的結果，露天表演的創作限制非常多，光是燈光與舞台的不可控就難以克服，導致這些蚊子場地成為單純的資源與空間浪費，對台灣的劇場發展毫無幫助。

台北已經算是場館最多的地方了，但還是有許多不足，可容納約三百至五百人的中型場地很缺乏，現有的大多是學校的演講廳，其實不適合劇場演出，有些場地連架設軌道燈的空間都沒有，所以劇場演出永遠只能搶幾個少數適合場地的檔期。德仔期盼未來有更多專門提供劇場演出使用的場地，不要再蓋所謂的多功能劇場，如果政治人物們總想著用最少的預算、空間，去取悅最多的人，到頭來往往誰都取悅不了，反而流失更多的選票。

對於劇場人來說，最大的困擾就是表演資訊苦無露出的機會，除了依靠成本較低的網路散布演出資訊之外，對實體管道一籌莫展。德仔希望政府能夠去思考，究竟有沒有辦法將既有的資源作更平衡的分配呢？政府擁有非常多不須額外花費預算的宣傳版面，小從里民佈告欄，以至各公立學校、公家機關的外牆、電子跑馬燈。還有捷運、台鐵、地下街等所有公共設施的內、外部空間，如果建置一套能夠統整版面與使用者的系統，就能夠更有效的將閒置的宣傳資源分配給更有需要的民眾或團體。目前這些看似不起眼，但其實相當寶貴的宣傳版面被大量閒置荒廢，里民佈告欄往往只貼幾張租屋訊息，偶爾貼張中秋里民晚會的告示，德仔覺得這真是非常可惜。如果版面分配系統被建置起來，藝文團體可自行依所列的規格印製海報，向政府申請，就可以幫你排檔期，在特定期間內將海報張貼在某些地方，再由藝文團體自行負責張貼與撤收，這樣的模式對政府行政成本的壓力也很小。並且，讓表演訊息走出網路，進入實體宣傳管道，像是在里民佈告欄張貼訊息，也才更有機會讓表演與在地的民眾產生互動，跟庶民生活真正產生連結。如果中小型劇場的表演資訊永遠只能在網路上流通，只能吸引到散佈在各地的文青，交通上不見得方便參與，也沒辦法培養在地的觀眾。

德仔認為，如果劇場演出可以做到表演在地化，對培養民眾的文化素養、發展並保存在地文化都有幫助，對政府、劇場、民眾是三贏的局面。

即使台灣的劇場環境貧瘠，德仔仍認為未來很有希望，也期盼有更多劇場能成長茁壯。像來自台南的台南人劇團就是一個成功的案例，當初他們在台南發跡時就是小型劇場，多年來幾乎完全不靠演藝人員加持，漸漸走到大型劇場的規模。舉「台南人」的成功案例，是由於德仔認為劇場若想持續發展，擴大規模，又要兼顧理想，便需要很努力的在各項損益之間取得平衡。包括劇場要如何處理自身與觀眾之間的關係？要堅守多少你想堅持的理念？一個劇團在整年度的演出計畫中，要分配幾部戲是較為商業導向的，幾部戲是較為實驗導向的？當你用商業導向的戲將觀眾吸引進劇場，再讓他們也嘗試欣賞同劇團較具實驗性的戲，培養這些觀眾對戲劇的鑑賞能力，如此才能漸漸累積觀眾以及人氣。劇場人本身也要有所覺悟，如果在乎觀眾的回饋，那麼就必須嘗試與觀眾溝通，若是永遠抱著劇本只做自己想做的，不願嘗試從觀眾的角度思考，觀眾表現出的冷淡便是理所當然。

對於現階段政府可以如何給予劇場這個文化產業更多的幫助，或者劇場本身經營的想法該如何調整，德仔有許多具體的建議，更有不少期許。但當務之急，是先保障劇場從業人員的基本收入水準與退休生活，畢竟能先生存下去，才會有更多人願意並有能力投身於劇場這個具有高度理想性的事業裡。

第五章

同志身分

這天我們再次與德仔相約在老地方，一間他平日就常去的咖啡館。時序即將入秋，天空灰濛濛的。對於今天的問題，筆者左思右想，希望找到恰當的切入點，也希望避免因不夠細心而讓德仔感到不舒服或者被冒犯。但一如以往，他的態度淡定且真實，彷彿平靜的自我剖析，卻蘊含一種讓人聽了就感到信任的真誠基調。

德仔選擇對自己的同志身分忠實，將它公諸於世，並積極參與推動與同志權益有關的倡議運動。他選擇出櫃，過一種他認定的「同志生活」，但為了走到這一步，他經歷了漫長的，對「我是誰？」的摸索與探求。德仔認為自己很幸運，向家人出櫃的過程中，並未遭遇如同他許多朋友般來自父母的責備及不諒解。當他向我們講述自己跟父親出櫃的過程時，也將那時候八十幾歲父親的聲線、北方口音模仿得維妙維肖，使氣氛輕鬆又有趣。

此外，他也對於台灣同志權益的促進以及同志運動遇到的瓶頸有一套自己的看法，以過來人的身分，告訴我們之所以同志不願出櫃的理由，以及社會所施予的無形壓力。他的經驗可以讓還未出櫃的同志們知道，自己並不孤單，不需要孤軍奮戰。

出櫃前的青澀年少

在約莫十三歲的時候，德仔便隱約察覺自己的性向跟其他男生有所不同，第一次明確認知自己喜歡男生，是在國二。德仔對於性的啟蒙比一般人稍晚，「性幻想」在許多步入青春期的青少年生活裡既私密卻又再平常不過，此時德仔的性幻想，並非大多數人想當然爾的，身材姣好、臉蛋甜美的女性，他幻想的對象都是男生，而且是胖的男生。普遍而言，對於男性「美」的標準，往往是身體壯碩、肌肉線條明顯，不然就是身形高瘦、臉蛋俊俏，當德仔的性幻想都不是這些種類的時候，他便明白自己對於「胖的男性」產生喜好或欲求，是一種很真實的反應，而不只是從眾的結果，那就是他喜歡的「菜」。

在精神層面上，他反而比較早喜歡過女生，國小二或三年級就喜歡過班上的班長，還將這件事告訴了母親，國小五年級也曾有喜歡過的女生。那時候的喜歡很單純，沒有任何性的慾望，德仔不確定這種喜歡，是否是因為自己用社會的角度去想像自己？還是很自然的發自內心喜歡女生？回顧那段尋找自我認同的日子，德仔說，當時他根本沒思考過自己「如果喜歡了男生，還能不能喜歡女生？」這樣的問題。

(☉)

初戀發生在高一下學期，是個對異性戀男孩的單戀，過程可說是刻骨銘心、狂熱慘烈，那是他生平第一次感覺自己深刻的愛上了一個人，由於他們都愛聽音樂劇，興趣相同，所以非常投緣。當時正值高中分組分班，男孩的許多同學都在第一類組，只有他在第二類組，尚未融入新班級，正好處於一個很需要朋友的階段，很自然的跟德仔互相陪伴，那時兩人非常要好，上學與放學幾乎都走在一起。在考試前夕，德仔會在男孩家附近，一間二十四小時營業的西餐廳唸書唸到早上大約五、六點，再去他家門口等他，然後兩人一起搭公車。到學校之後，德仔會在他們班陪他吃早餐，吃完再回到自己班上。放學後，兩人也會相約一起唸書，男孩有一台walkman，還特意去買了一分二的耳機分接線，兩人一面聽著同樣的音樂一面唸書，關係很是親近。

回顧這段青澀、傻傻付出的歷程，德仔認為自己那時候對對方並沒有甚麼性方面的幻想或慾望，就只是一份純粹的感情，但好景不常，男孩漸漸融入自己的班級，讓兩人的關係產生了變化。那時的德仔或許年紀還小，未能理解到男孩已不再需要他來填補原本在社交上面的缺口，不需要成天跟他膩在一起了。德仔感到失落，並且心有不甘，表現在行為上便活脫脫是像愛情關係中死纏爛打的樣貌，希望能重修舊好，但情況卻適得其反。

青春期的孩子，一旦情竇初開，往往在情感表現上衝動且不擅於拿捏分寸。那時，看著彼此即將漸行漸遠，德仔萬分焦慮，常常主動要求要跟對方見面，或者無預警出現在對方所在的地方。雖然沒有甚麼言語或行為上的衝突，但這樣的無形壓力越大，對方越是反感，兩人的關係也就每況愈下無可挽回，到了最後，男孩已經完全不想再見到他了。對德仔來說，當時感受到的打擊像是天崩地裂一般，讓他內心萬分痛苦。更尷尬的是，兩人就讀同所高中，在小小的校園裡走著走著就很容易遇到對方，常常德仔已經刻意避開可能相遇的路徑，但還是不期而遇。一旦狹路相逢，男孩就會更感到厭惡，覺得德仔是故意要來煩他，但此時早已沒有解釋的機會，情況只能持續惡化……直到後來大家都畢業了，兩人的關係自然停止。

這件事對德仔的影響很深遠，在很長的一段時間裡，他無法真正放下那個男孩，雖然他早已不認為彼此有機會再度變回好友，但當德仔一聽到與他有關的關鍵字，內心就會被觸動。平均兩個星期左右就會作一次與男孩有關的夢，夢裡的情節永遠是自己與男孩，在生命中的各種不同場合和好。這樣的夢與情緒持續了五年多，德仔才漸漸能夠放下，不帶情緒地看待這段回憶。

大概在二十四或二十五歲時，德仔在忠孝東路上無預期的看見那個男孩，他花了一點時間躊躇是否該向男孩打招呼。德仔轉念一想，現在不開口，可能一輩子都再沒有機會了，便開口叫了對方，男孩回頭看見德仔，很開心地走了過來。

男孩說：「哇賽！多久沒見啦？」

「對啊，好久了。」德仔這樣回應，心裡卻想著：「靠邀，當初是你自己不想見我的好嗎？」

後來兩人再約時間喝杯咖啡聊聊天，算是恢復了一點關係，但依然是不可能回到如同過去那麼要好的狀態了。這個歷程，是德仔第一次理解到什麼是「深刻的去愛一個人」，而愛情又是如何在生活的各個面向上影響著自己。

德仔是民國八十一年進高中的，那個年代網路尚未興起，個人電腦也不普及，同志的資訊非常匱乏。他相信與他同一個年代的同志們發掘自我性向的歷程都非常相似，他們會很想知道究竟甚麼是「同性戀」？是一種病嗎？這世界上有沒有人跟我一樣？因此，他們會尋遍大街小巷的書店、圖書館，找尋關於生物學、心理學、醫學的書籍，試圖獲得解答。

過去德仔也曾與女性交往，見到心儀的女性，一樣會覺得喜歡，一樣會害羞，一樣會有觸電的感覺。在德仔出櫃前，他對外也很自然地表現出如同異性戀般的生活方式，並沒有認真想過自己是否有必要「選邊站」。因此，他從高中到大學都曾經跟女生交往，也都是認真的在經營那幾段感情的。

聽了這樣的感情歷程，筆者感到好奇，既然德仔也曾喜歡女性，並與女性交往，那應該是雙性戀，而不是同性戀不是嗎？對於這個疑問，德仔舉金賽報告（Kinsey Reports）的說法為例，他比較相信「性傾向」是一種光譜，每個人的性傾向都只是在光譜中的某個點，他認為所謂100％的單一性傾向非常稀少，也認為即使性傾向不會改變，但對於性傾向的自我認知，在社會化的過程中會受到環境與同儕的影響。一個人到底是，或不是同性戀，他的性傾向最終會如何定義，是由原始基因、成長環境、文化背景等不同變因，在社會化的過程中慢慢建構出來的。

德仔進了大學，唸到大四的時候，拜網路漸漸普及之賜，台灣也開始有了一些專屬於同志的網站，例如著名的同志交友網站「Club1069」。藉由許多其他網友的交友檔案、討論區文章，他才發現，原來這世界上有很多跟自己一樣的人，也才漸漸理解原來有人跟自己一樣喜歡胖胖的男生，原來自己不是變態，也沒有生病。一九九八年，德仔做出決定，他選擇要以一名「男同志」的身分生活下去。

踏出櫃 大自由

在選擇出櫃，以同志身分面對世界之前，德仔也歷經許多內心的自我辯證。如果沒有出櫃，同志身分會變成個體與世界之間的一道牆，大部分的同志朋友都經營著這道牆內外完全不同的兩種人生，擁有兩個FB帳號，維持著兩套完全沒有交集，也絕對不可以有交集的人際關係。因此在他選擇出櫃之後，最讓他感到意義重大的，便是他能用真實的樣貌現身，無論對朋友、同事，或者對家人，毋須再另外建構一個假面的世界。在社交上，他與朋友聊天時也不再需要去附和屬於異性戀世界才會有的話題。出櫃的過程不見得完全順遂，但非得走過這個歷程，才有機會讓自己與他人面對最真正的自我。

此外，德仔也期許自己的公開出櫃，能對社會產生正面的影響。所有的同志小時候都經歷過這樣的經驗：無論在國中、高中階段，男生之間會譏笑別人娘娘腔，用「捅屁眼」這種字詞作為玩笑話。為了不讓自己有機會變成揶揄的箭靶，同志們會刻意避免顯現出所有跟「同志」可能有關的特質，而成為符合異性戀期待的樣子。同儕團體之間的談話，無論哪個時代都換湯不換藥，幾個男生聚在一起，聊天的話題往往不外乎「哪個女的很正」、「你想不想上誰」這樣的話題，或者彼此交換A片心得。德仔也會很自然地跟著這樣做，這對當時的他而言雖然並非是全然的假裝，但很確實地，他必須將另一部份的自我隱藏起來。

在一個群體中，當有人表明自己是同志時，身邊的朋友們才有機會被迫使去面對「與同志相處」這件事。絕大部分的人，由於不知道自己身邊有同志，或者沒有親身接觸過同志，以致於在人際互動中，尤其是言語上常會無意間冒犯到同志，但這些行為的背後往往不是具有真正惡意的歧視。就像是一群有男有女的群體在聊天時，男生們會互相提醒：「喂！這裡有女生在耶！」，人們會自然的顧及群體中組成份子的感受，但是當人們對於身邊可能存在同志毫無意識的時候，言語中會無意的傷害到未出櫃的同志也是可以預期的。

所以，同志的「現身」讓人們理解到同志與自己並不是遙遠無關的，而是真實存在於自己生活中的人，才能改善社會上對同志的歧視語境，也才能促使人們產生進一步了解身邊的同志朋友或親人的動機。

一九九八年三月，德仔就讀於中國文化大學政治學系四年級，透過網路，他接觸到了一個與他以往生活經驗都截然不同的世界，他了解到自己並非異類，也不是變態。於是，第一次回了網路上的一篇徵友文，也認識了生命中除了自己之外的第一個同性戀，他終於下定決心，今後都要過一種「男同志」的生活，並只與男性發展關係。

為什麼需要特別去「決定」自己要過哪一種性傾向的生活呢？這是由於德仔再清楚不過，對他來說，即使在某些時候他還是會喜歡女生，但喜歡的強度永遠無法企及對男性的喜歡。如果今天他喜歡上一個女生，並進一步交往，他依然很有可能再遇到更吸引自己的男性，跟女生的關係對德仔來說先天上就不容易長久，對女方，或是對雙方都不是好事。他認為生活環境與習慣是會改變一個人的感官的，在過了長達近二十年的同志生活以後，原來對女性就相對較低的感覺也漸漸消失，到了現在，已經不會對女性動什麼情慾上的念頭了。

早在十三歲時就知道自己的性傾向，卻到二十一歲才第一次上同志交友網站，對同性的欲求憋了許多年，一旦有機會釋放便一發不可收拾。當德仔送出交友訊息，認識生命中第一個「有可能會喜歡自己的胖胖男生」時，是感到極度緊張且興奮的。他回憶起他們第一次通電話，就從晚上十一點講到早上六點，在七個小時的電話傳情之後，德仔火速從陽明山騎車下山陪這位在速食店工作的男生開店，開店後又在店裡坐了八小時，等著陪對方下班，然後一起回家。整個過程中沒有太多思考與猶豫的就在一起了，這也是他生命中的第一任男朋友。

這位男友與德仔年紀相仿，也有著相似的心路歷程，談起感情便義無反顧，但青春的戀曲總是不長久，一個月之後他們就分手了。剛進同志圈的前半年，德仔處於一種對情感、慾望都非常渴求的狀態，也來不及想得太多，男友一個換過一個，短短半年內就交了六個男朋友。回想起那些戀情，他認為雖然時間都很短促，但當時面對每一任，他都曾很認真的想要把對方當作長期的伴侶，只是因為他還不夠成熟，也不懂得好好經營感情，以致於都快速地以分手作收。這樣過了半年以後，德仔突然清醒過來，他終於能夠冷靜下來去思考，到底什麼是自己真正想要的感情關係。

當時的德仔把課業擺在一邊，將談戀愛放在生活的第一順位。就像許多年輕男女談戀愛時一樣，做過許多現在他認為很「瘋狂」的事。情侶間歇斯底里地吵架，或者在大馬路上央求對方，誰對誰不起、誰給誰下跪。他記得有一次跟當時的男友提分手，對方半夜奔來德仔陽明山上的宿舍，在凌晨一點瘋狂的敲門，吵到其他室友不堪其擾出來開門。他假裝不在房間裡，前男友就想橇開門上的美耐版，從天花板的空隙裡爬進來，直到德仔報警才悻悻然離開。另外還有一次，前男友跑到警廣門口等德仔下班，當德仔騎車要離開時，前男友便抓住他的車不讓他離開，然後兩人在路上拖行……此外，諸如男友背著他劈腿，跟自己的好友在一起，這些八點檔般的芭樂劇情，在德仔的感情歷程裡也都出現過。

德仔覺得自己跟家人出櫃的經歷比一般人來得幸運，並未如同許多同志朋友般得不到家人諒解，甚至從此與家人關係決裂。在向父母坦白自己是同志這件事之前，他也曾預想過最壞的情況，評估認為自己家裡的狀況還算樂觀，最多是演一齣哭喊著：「無論如何你都是我們的孩子！」之類的戲碼。就算真的家人都不接受，他也已經做好了一個人生活的心理準備。

德仔自認為與家人關係並不算好，雖然沒有發生過甚麼了不起的衝突，卻也談不上很親密，但是他決定無論如何都要向父母坦白，原因是因為他清楚知道父母確實很愛他。「同志」這個身分，對他們的孩子來說是生命中最重要的一部分，德仔認為如果在父母離開這個世界之前都不知道這件事，幾乎等於不認識自己的小孩，這對父母來說是另一種殘酷。

在一次與母親的口角之中，德仔很意外地向她出了櫃。德仔自從搬離家裡之後便不常再回家住，某天他與朋友聚會結束後回家過夜，就跟父母對「甚麼時候該回家」

這件事大吵了一架。這場架吵了很久，吵到父親累了先去睡，德仔跟母親還繼續吵著。母親不知從哪裡來的想法，突然間的蹦出一句：「你不回來，難不成跟性向有關係嗎？」此時兩人都停頓了幾秒鐘，因為德仔早有坦白的打算，所以他便回答：「不是這個原因，但這件事我們等一下再談。」

當晚，德仔跟母親坦白了自己是同志，從高一時候喜歡上的第一個男生開始講起。母親聽了以後，說其實在德仔高中的時候自己有閃過這個念頭，但沒深究，只是覺得奇怪：怎麼會跟同學感情好到這種程度？母親說：「這件事還不能跟你爸說。」這是由於德仔的父親年事已高，擔心這個消息太過刺激，影響到父親的身體狀況。

最後母親問他：「那你未來到底會不會結婚？」德仔說不知道，先看有沒有碰到對的人；如果碰到了，得看對方想不想結婚；如果對方想結婚，就看台灣能不能結；台灣不能結婚的話就出國去結；如果到頭來真的太困難，不要結也無所謂。母親聽了之後沉吟半响，說：「喔，好啊。那你等一下睡覺記得把窗戶關上，不要著涼」，就回房睡覺了。

又過了幾年的某一年小年夜，德仔回家過年。那天家人們都在，父親很開心，也難得到德仔房間找他聊天。德仔覺得這是個好時機，決定趁機會向父親出櫃。

父子之間的對話意料之外的簡短。

「爸，其實我喜歡的是男生。」

「喔？然後呢？」

「呃……沒有然後啊……」

「啊？那有什麼關係啊？我還以為你要說什麼事呢！」

德仔的父親來自中國大陸的內蒙古地區，他完全不在乎的反應，讓德仔感到很驚訝，甚至有一點點滑稽的挫折感，因為這與他原來沙盤推演過無數次的狀況完全不同。德仔以為，父親已經高齡八十三歲了，想法應該很傳統才是，怎麼會對同性戀這樣的事情幾乎全盤接受呢？

父親是民國初年生於內蒙古赤峰市，也就是從前的熱河省赤峰縣，那是非常北方的內陸地區。在當時，那裡的生活形態與文化環境跟清朝末年的時候相去不遠，迥異於南方的沿海都市，沒那麼西化。在中國傳統思想裡，其實對「同性戀」這件事並沒有太多負面評價，也不忌諱談論。清末民初的時候，至少在德仔父親所認知的社會裡，很多大戶人家的員外或是官員、軍閥都會養小男朋友，雖然也談不上流行，但至少對他來說這並不算少見的事。德仔說，中國傳統社會其實對同性戀的態度是很包容的，近代由於西風東漸，漸漸受到基督文明傳入的影響，才對男同性戀產生負面以及偏見歧視的想法，這也不過是短短一百年之內的事而已。

德仔曾經帶過男友回家吃飯，與家人也都相處融洽。後來當他自己單獨回家吃飯的時候，父親就會問他：

「欸，那個小胖子呢？」

「哪個小胖子啊？」

「就你那個小胖子朋友啊！」

「爸，我每個朋友都是胖的，你說哪個？」

「就那個胖胖的……」他也講不清楚，「帶他回來吃飯啊。」

對於德仔的出櫃，父母幾乎全然接受，所以他說自己「很幸運」。此外，傳宗接代觀念在他的家族裡並不強烈，大哥年長他三十幾歲，也早已兒孫滿堂，德仔沒有任何壓力。然而，並不是所有的同志在面對家人時，都能這麼幸運的取得諒解以及接納，現階段在台灣社會上，同志所受到的結構性壓迫，同志生活難以為外人理解的辛苦，依然是真實且殘酷的。

台灣社會的同性戀歧視

德仔認為同志們在日常生活中受到的壓迫，其根源是來自於社會文化環境的不友善，壓力存在於生活中的每一刻，令同志們絲毫沒有喘息的機會。這是因為幾乎所有人總是很自然地以「異性戀」的角度思考，看待彼此以及整個世界。例如在德仔幫電視節目配音時，要介紹某位正妹來到錄影現場，旁白的台詞會如此介紹她：「現場的男生們有福了！」但「為什麼是男生們有福？為什麼不可能是女生們有福？」我們可以合理推測，在這個「現場」的幾十人裡，照平均比例推算，至少也可能有兩、三位女性是喜歡女生的，但是她們卻彷彿隱形般沒有被看見。

這樣的現象在整個社會運作的過程中無時無刻的出現，在朋友們不熟、無話可聊或者久別重逢時，人們很容易問起：「你結婚了沒？」或「有沒有女/男朋友？」，完全忽視眼前的談話對象有可能是同志。大部分的人並不是真的歧視同志，只是他們沒有意識到同志的存在，也沒有想到這樣的溝通方式，會使整個社會產生龐大的壓力，讓同志覺得自己的存在是被預設排除在社會之外的，而不敢將自己的同志身分或特徵在眾人面前展示出來。當所有人都是以異性戀作為前提思考與互動時，同志們也就只好說謊或隱瞞，去配合社會的期待。

德仔認為，這種社會文化環境的形塑，是從每個人的小時候就開始了，從朋友們對自己小孩說話的內容中就可以窺知一二。例如，常常聽到朋友對著才三、四歲的小女孩問：「上幼稚園了，有沒有喜歡的男生啊？」德仔就坐在旁邊，但為怕傷和氣，他也不好意思當場開口糾正：「你怎麼不問她有沒有喜歡的女生？」、「你為什麼這麼確定她喜歡男生？」這樣的談話不但很容易讓那些天生喜歡同性的孩子在自我認同上產生混淆，同時會讓孩子們覺得長大後也應該要這樣去期待別人，自然很難主動意識到同志的存在。

（二）

德仔在工作場合上曾經遇到一個人向他介紹新朋友：「他認識很多女記者，都很漂亮，你要跟他混熟一點」，德仔回答：「漂亮女記者對我沒有任何意義啊！」這樣來來回回講了好幾次，對方還是聽不懂，只以為德仔是不好意思，沒有意識到他是同性戀。

這些日常對話都不是刻意的歧視，應該說在說話的當下，說話的人腦中根本就沒有想過「同性戀」這三個字。但也正是因為在大多數人的日常思考當中完全不存在同性戀，對同志來說，這個世界就像是一個被巨大透明泡泡包覆住的世界，而同志們在泡泡之外，與這個世界被分隔開來。所以，大部分的同志都擁有第二個身分，另一個完全不同的社交圈，另一個嚴格控制非同志加入的臉書帳號，很可能終其一生，身邊非同志的親友，就算關係再親密，其實也只認識自己的一小部分而已。

因為人們在日常思考中不存在同志這個概念，自然對同志相關議題都很不了解，那麼就很容易產生許多誤解與汙名化，例如錯認愛滋病與同性戀之間的關係。愛滋病毒是透過特定體液交換傳染的疾病，主要是透過血液、精液、前列腺液、陰道分泌液、乳汁等體液傳染，只要是進行這些體液的交換行為，無論是同性戀還是異性戀都有可能感染，並不會因為性傾向而有所區別。大眾之所以會將同性戀與愛滋病畫上等號，主要是因為愛滋病毒傳染的途徑中，肛交的傳染風險很高，而肛交是男同性戀常採取的性交模式，因此在感染愛滋病毒的人群當中，同性戀所佔的比例總是比起在總人口中所佔的比例高出許多。

但即使這樣的客觀數字確實存在，直接將愛滋病與同性戀畫上等號實在是太不精確，也過度標籤化的行為。

首先，肛交並不是專屬於同性戀的性行為模式，異性戀中的肛交盛行率也超過百分之十，感染風險與同性間的肛交一模一樣；在同性戀中，女同性戀沒有肛交也沒有陰道交，感染人數從來都是零，也就是說同性戀中至少有一半的人是完全不會感染愛滋病毒的；就算是只談男同性戀，也不是每個人都會進行肛交，無論在任何調查中，口交與愛撫在男同性戀的性行為模式中都高於肛交；再接下來，即使一個男同志進行肛交，只要他採取安全措施，感染的風險也幾乎不存在；最後，就算是比較一個異性戀的陰道交，與男同性戀的肛交，並且在兩者都沒有採取安全措施的狀況下，感染風險的差異也沒有想像中高。在被插入方面，男同志確實比較高，是異性戀女性的五倍，但在插入方面，異性戀男性與男同志的感染風險幾乎是一模一樣的。

經過這一輪的說明，應該可以理解，直接將同性戀與愛滋病畫上等號，認為「愛滋病是對同性戀的懲罰」，或是「同性戀都有愛滋病」是多麼錯誤的認知。愛滋病患者與同性戀在社會中都是飽受歧視的族群，社會大眾對這兩個族群所知不足，這樣的不當連結便更難以破除。同志因此更不願意出櫃，寧願一輩子躲在陽光照射不到的深櫃角落，與社會的隔閡形成惡性循環，同志權益的推展也更為困難。

德仔強調，他之所以能大方坦承自己的同志身分，是因為他在社會上，或者社交圈裡，是個競爭力相對較強的人，有足夠的資本及籌碼去面對這一切，獨立作業的工作型態，也有助於他建構起安全的生活圈。他的身分除了同志之外，還有來自配音、劇場、典禮司儀、廣播主持、辯論協會理事長等人生經歷所建立起的名聲。即使是陌生人，也很容易從他的這些名聲中去認識他，不容易受到對同志的刻板印象影響。但是社會上大部分的人，在經濟狀況，社會地位或者外型上沒有足夠的條件被明確辨認，一但出櫃，「同性戀」就很可能是他們無法擺脫的唯一標籤，所有對於同志的負面印象會一股腦的被貼在自己身上。再者，一般上班族的工作與生活範圍很固定，如果公司環境對於同志不友善，出櫃很可能會對一個同志的生活造成全方位的影響，自主迴避不友善環境的空間很小。

德仔一向呼籲有能力的同志儘量出櫃，用自己的現身教育身邊的人，讓人們理解同志權益並不是遠在天邊、事不關己的議題，進而增強一般人主動理解同志的動機。但由於理解到出櫃的高度風險，德仔也認為只能量力而為，沒有人有義務用自己的人生作為賭注，推動對於同志更為友善的社會環境才是根本解決問題的辦法。

在華人世界裡，台灣相對而言已經是對同志較為友善的社會，但德仔仍認為有許多進步空間，他也盡其所能的嘗試對同志權益的進展做出貢獻，希望從體制內推動去改變制度或是立法保障。他認為若想要真有建樹，同志運動不能永遠侷限在體制外的抗爭，應該更積極地去參與政治決定與政策產出的過程，為此他曾幾度試著協助同運組織與主要政黨合作，但遺憾的，結果並不成功。

同志權益現況與未來

德仔出櫃得很徹底，除了對於家人、朋友、同事們出櫃之外，他在公共場合也是完全出櫃的，電視、報紙也都報導過，這讓他可以沒有顧忌的公開為同志權益發聲。二〇〇五年，德仔在進入中廣流行網主持節目之前，便預先詢問過電台主管，當聽眾問到他的感情狀況時，他會直接坦承自己的同志身分，電台介不介意？本來覺得電台可能會感到為難，沒想到中廣非常直接的回答：「當然沒問題啊！」於是，德仔便很自然的節目中向聽眾出櫃了。

代言疾管局愛滋篩檢活動

脫掉了這層顧慮，德仔便可以自在的參加與同志議題相關的活動，受邀到校園裡談自己的同志經驗，接受媒體訪問，擔任愛滋自我檢測活動的代言人，自己的專欄裡也有不少談同志處境與政策的文章。

在這裡要特別談的，是德仔與同運團體的關係，他認為台灣的社會運動組織都有著共同的問題，就是不擅長與政治部門溝通。但是，政策的形成必然要透過政治部門，當社運團體與政治部門沒有建立合作模式，在政策上便很難成真，而永遠會停留在空談或抱怨的狀態。當然，與政治部門合作不代表要成為政治的爪牙或鷹犬，而是要建立起雙方互信並可預期的模式，避免政治部門為求自保而採取保守策略，不利於遊說目標的達成。

政治部門的考量跟社運團體不同是很合理的，這是從事社會運動的人必須要有的認知。社會運動為了達成目標，必須形成輿論壓力以取得對政治部門的談判籌碼，在這個過程中得採取許多策略，各種被提出來的主張並不一定要被完全達成才算是有效的，往往會有妥協或讓步。在階段性的進程中來回不斷的談判與溝通，再妥協再施壓，一步步的向設定的目標前進。德仔舉國外的社運為例，代表各種不同意見的利益團體往往同時是成熟的政治團體，懂得如何結合社會資源，熟稔政治手段。但在台灣的社運組織與利益團體中，較為成熟的只有董氏基金會，他們從藥廠與政府補助上拿到大量的資源，在媒體宣傳、國會遊說方面都發揮強大的影響力。但其他的許多社運團體卻總是不願意跟政治與商業走得太近，難以提升社會運動的實際成效。

（●）

德仔與遊盟（台灣同志遊行聯盟）的交手經驗，正是一個血淋淋的例子。幾年前，民進黨的時任黨主席蘇貞昌正投入台北市長選舉，想要向藝文界人士諮詢政策意見，便透過一位學長找到曾參與劇場演出的德仔。經由這層關係，德仔認識了幾位當時民進黨的幕僚人員，如王閔生、李厚慶等人，他們也將他引薦給蘇貞昌，德仔逮住機會毛遂自薦，向蘇貞昌提出了同志政策建議。蘇當時對同志議題理解不多，但很主動的表達希望進一步深入了解的意願，於是，德仔帶著蘇貞昌以及幾位幕僚去拜訪西門紅樓同志商圈，與紅樓的商家老闆及商圈附近的其他店家交流，了解這個亞洲最大開放式同志商圈的崛起過程，以及當下面臨的發展困境。蘇貞昌對同志議題表現出很直接的支持態度，並且打破以往各政黨的先例，承諾自己願意參加即將到來的同志遊行。

在此之前，台灣的同志遊行雖然規模盛大，也有零散的政治人物現身支持，但從來沒有主要政黨黨主席這樣高層級的政治人物參與，這對同志運動在整個社會與媒體上的能見度，想必是個大躍進。因此，德仔便立刻著手聯繫活動主辦單位台灣同志遊行聯盟，希望促成蘇主席參加同志遊行，催生歷史性的一幕。

遊行前夕，德仔與遊行總召持續溝通，確認蘇貞昌不會帶旗幟標語，也不會有大隊人馬，只有蘇本人與兩三位幕僚同行，以避免招惹作秀的議論。由於現場一定會有記者採訪，所以德仔與遊行總召也確認過，蘇貞昌將會在現場公布他的台北市同志政策政見，並向遊行總召請教意見，調整政見內容。但很意外地，中央社不知從哪裡得到的消息，在遊行前逕自發了新聞稿，報導蘇貞昌即將參加同志遊行。當時遊盟裡的某些成員很不高興，認為民進黨是打算要來炒新聞，於是發新聞稿說：「我們不歡迎沒有同志政策的候選人。」

但明明遊盟早知道蘇已經安排好要在當天發表他的同志政策，發出這樣的新聞稿，使得蘇就算依計畫端出他的政策規劃，也會落得被人譏諷是馬後砲的下場。德仔看到新聞之後怒火中燒，立刻打電話給總召質問。對方的說法是：「如果蘇真的來到現場，現場記者都會去訪問你們，那我們怎麼辦？誰會來理我們？」德仔回應：「照你們這種講法，如果王力宏來，或者張惠妹來，甚至湯姆克魯斯來，只要具有高知名度的人來，都會有一模一樣的狀況發生。你們為了害怕失去話語權，就無法忍受並阻擋這個社會上有任何話語權比你們更高的人來支持你們，這樣對嗎？」

這其實是同運組織在拒絕社會的主流結構，或者有權力的人對他們的認可，因為一旦更有權力的人認可或投身於這個議題，同運組織就可能不再掌控這個議題的主導權以及發言權。但有力人士的支持與社會主流的參與，是同運進展的必然過程，不但不該抗拒，甚至應該主動爭取並張臂歡迎。事實上，當年度張惠妹就參與了遊行，其後一直有重量級演藝人員參與，二〇一七年甚至日本歌手米希亞都專程來台參加遊行。這些名人參與同志遊行，自然吸引許多媒體報導，但遊行聯盟的話語權有因此受到減損嗎？歷史已經證明當年遊盟提出的理由根本是杞人憂天。

但相對的，事發至今已經八年，即使到同婚釋憲已經通過的今天，都再沒有任何主要政黨黨主席願意出席同志遊行。

（⋯）

關於同婚合法化，又是另一個故事。二〇一三年，伴侶盟（台灣伴侶權益推動聯盟）正在推動「多元成家立法草案」，其中的第一部分就是「婚姻平權草案」。德仔看到推動過程中表態支持的立法委員，如鄭麗君、尤美女、蕭美琴等人皆為民進黨籍，便主動聯絡伴侶盟的秘書長簡至潔，詢問是否需要幫忙介紹接觸國民黨籍的立委。

台灣的國會有黨團協商制度，單一政黨對法案通過的影響力遠比其立委席次比例來的大，除非多數黨做甲級動員強制委員投票，否則即使是多數黨提出的法案，也常常在黨團協商未果的狀況下被擱置。因此，社運團體必須要與各個政黨都維持良好關係與互動，政策推動才能較為順利，如果只押寶某個特定政黨，很容易將政策爭議激化為藍綠對決，政策實現將更為困難。

伴侶盟秘書長也向德仔表示一直因為沒有管道接觸藍營委員而感到苦惱，於是德仔就動用自己的人脈資源，帶著伴侶盟秘書長至立院拜會王育敏、紀國棟、陳學聖、吳育仁等四位委員，希望能說服國民黨的委員一同參與婚姻平權草案的提案與連署，增加草案通過的機會。很幸運的，四位委員都很直接的表達支持的立場，除了王育敏委員由於當時身兼國民黨副黨鞭，為免被解讀為代表黨團立場，所以只能承諾連署之外，另外三位委員都表示希望能共同提案，一起參與法案的推動。德仔也私下透過朋友向國民黨立院黨團黨鞭林鴻池探詢黨團立場，了解到當時國民黨對婚姻平權法案並沒有統一的意見，開放黨籍委員自行決定。因此，若是藍綠委員可以共同提案，法案通過就很有希望。

伴侶盟提出的原始法案版本包含「婚姻平權」、「伴侶制度」、「家屬制度」三個部分，後兩者存在的爭議還太大，短期內不容易通過，因此計畫將三個草案分開，先將「婚姻平權」草案獨立送進立院。因此，德仔與伴侶盟秘書長說好，儘快完成草案修改後，再將修改後的草案給國民黨的委員們確認並進行提案與連署的程序。但是，從八月底與委員們接觸到十月初，超過一個月的時間，草案修改進度都無聲無息，期間藍委們與德仔幾度催促關心，一直得不到正面的回應。到了二〇一三年十月三日，伴侶盟開了記者會宣布正式將草案送入立法院，看了記者會的陣仗，德仔心想，伴侶盟看來是不打算爭取國民黨委員的支持了，當晚他就打電話給伴侶盟秘書長。

德仔：「我看到記者會了，想必法案已經修改完成了吧？請問是甚麼時候修改完成的呢？」

伴侶盟秘書長：「就昨天晚上修改好的啊！」

這是不可能的，記者會當天有七位委員出席，他們不可能在沒看過草案內容的狀況下站台相挺，唯一可能的猜想就是法案早已修改完成，但伴侶盟由於不想讓國民黨委員參與提案，因此未主動告知。十月十日，伴侶盟秘書長傳訊告訴德仔，提案委員已經確定，所以就不再繼續跟國民黨委員們進一步聯絡。最後，草案的六位提案委員與十六位連署委員，清一色全為民進黨籍。

在對話中，德仔曾經質問伴侶盟秘書長，是由誰決定提案與連署名單的，得到的回答是：「我們相信鄭麗君委員的政治判斷」。德仔不願意隨便臆測伴侶盟這麼做的動機是甚麼，但是造成的結果很清楚，二〇一三年十一月，國民黨黨團書記長林德福公開宣示不支持倉促修改民法972條。當法案被操作成藍綠對決的態勢之後，想要從立法院這個途徑實現同志平權政策，就更為困難了。

德仔說，原本那是一個最好的時機，當時的國民黨黨主席馬英九是國民黨有史以來對同志最友善的黨主席，在台北市長任內曾大力協助同志遊行的舉辦，是第一位拿公部門預算挹注同志遊行的市長。當時的民進黨黨主席蘇貞昌也公開表達支持同志，他是台灣第一個公開支持同志婚姻合法化的主要政黨黨主席。兩黨領導人對同婚法案都是史無前例的友善，卻沒能順利讓法案被通過，德仔認為伴侶盟選擇的政治操作方式要負最大責任。

德仔認為，台灣社運團體根深蒂固的問題，在於許多團體認為與商業、政治接觸會髒汙了純潔的理想，避之唯恐不及。或者就算想合作，由於經驗不足，擁有的政治手腕也很拙劣，無法有效率的推動政策。在人脈與資源不足的情況下，大部分的社運團體永遠都停留在「倡議」的階段，對社會的實質貢獻不如預期。

二〇一七年五月二十四日，台灣同運先鋒祈家威幾十年來的努力終於有了成果，大法官釋字第748號公布，宣布現行民法未保障同性婚姻自由及平等權已屬違憲，眼看近年內無論是修民法還是立專法，同志婚姻合法化大勢已定。但同志權益法制化僅僅是平權重要的的第一步，消除社會上的歧視與不友善氛圍才是終極目標，同運團體與每一個支持同志平權的人依然必須持續有效率的付出，同志的處境才能真正改善。

第六章 政治參與

現在德仔與台灣的政治界有較多接觸，也開了專欄談公共議題，但在成長過程中的大部分時間裡，他其實並沒有想過有一天會真正的參與政治事務或是對公共議題產生影響。

社會上大部分的人為了工作出路，都會依未來想從事的職業選填科系，但是在德仔上大學的時候，他想得沒有這麼複雜，只是單純的認為要學習自己有興趣的領域，才能真正的得到知識，也才能在學習的過程中感到快樂。因此，他只填了法律、政治、大眾傳播三個科系，最後就讀於中國文化大學政治學系。

政治系的學生都需要選擇自己的分組，以決定選修課程的走向，德仔在政治理論、國際關係、公共行政三組當中，選擇了政治理論組。他覺得公共行政貼近現實，有許多過於細節的內容；國際關係理論在實踐上變因太複雜，系統性的解釋與預測很困難。相形之下，政治理論，尤其是古典政治理論，常常是政治哲學家們殫精竭慮擘劃出一個社會的美好藍圖，充滿理想性、浪漫與熱情，因此選擇政治理論作為主修。

而既然是就讀於政治系，自然會有許多政治相關工作的人脈與機會，在對於事業還懵懂未知的學生時代，德仔就有過幾次接觸政治工作的經驗。

參與政治活動的機緣

第一次接觸政治工作，是在一九九五年的第三屆立法委員選舉，趙寧代表國民黨在台北市第二選區參選。趙寧的弟弟趙怡當時在環球電視台擔任總經理，是一位文化政治系畢業學長的上司，完全沒有政治班底的趙寧便透過這層關係把文化政治系上下大小通通拉進競選總部，總部裡除了趙家兩兄弟之外幾乎都是三十歲以下的社會新鮮人、大學生與研究生，那時唸大一的德仔便跟著學長姊一起參與了這場選戰。

年輕又沒經驗，德仔自然不會是甚麼選戰操盤的核心，而是負責基層人力的管理，安排工讀生們的排班、出缺勤、監督工作進度，帶隊出門插旗發傳單，照顧工讀生們的需求等等。德仔是當年九月才入學的，剛剛滿十八歲就要管理其他也是大學生的工讀生們，其實壓力很大，但這同時也是非常好的學習機會，可以初步的了解選舉的操作模式，也建立了跟系上學長姐們的良好關係。

在參與這場選戰之前，德仔對趙寧的印象就很好，一九八七年到一九九五年間，趙寧在警察廣播電台主持廣播節目《北斗星》，那是德仔在自己進入廣播界之前唯二收聽過的節目，另一個是經典兒童廣播節目《平平與安安》。趙寧在每集《北斗星》節目一開始的時候，都會唸一首打油詩，德仔說他國小的時候為了聽趙寧唸詩，常常晚上睡覺時偷偷將當時還很大台的收音機藏在被子裡，把音量轉得很小，耳朵貼在喇叭上聽廣播，有時聽著聽著就睡著了，一早起來一邊的臉頰上全是喇叭表面的金屬網印下的痕跡，像被烤肉架烙印過一樣。

趙寧在社會上的形象也相當好，清新的學者形象，讓他很受知識分子與都會選民歡迎。可惜時不我予，當年是新黨成立後第一次舉行立法委員選舉，銳不可擋，在台北市提名六席，六席全上。趙寧的清新形象較受當時新黨的支持者欣賞，可他偏偏是代表國民黨參選，又不受較保守傳統的國民黨支持者青睞，兩面不討好，最後以第一高票落選。

一九九八年，第四屆立法委員選舉，德仔大四，新黨發起人之一的方則揚，脫黨以無黨籍身分在台北市第二選區參選，透過一位政大的辯論圈學長，找了德仔進入競選團隊。雖說是競選團隊，但其實也就只有幾個人，通通是大學生，除了幾個人的薪水之外，也沒有其他的經費與資源。候選人一直說他可以單靠議題操作就當選，德仔與同僚們每天在辦公室也就只能寫新聞稿，例行輿情蒐集，沒有太多事好做，頗

為趙寧助選時受訪翻拍

有薪水小偷之感。

最後當然是落選，而且是倒數第二低票落選，才拿到248票。選舉結束後沒有幾個月，德仔就聽到傳言，說方則揚在中國大陸的電視節目裡呼籲台灣同胞回歸祖國，再回想起選舉過程中種種的不合理，讓德仔懷疑起候選人參選的動機。說到底，除了賺到幾個月薪水之外，德仔算是白白走了這一遭。

六年後的二〇〇四年，曾在馬英九於台北市長任內擔任台北市民政局長的林正修，以無黨籍身分在台北市第一選區參選。同樣經過辯論圈學弟的介紹，德仔決定協助林正修經營選區內同志族群的競選宣傳。

林正修在台北市民政局長任內，舉辦了「台北同玩節」，是台灣第一次有政府單位舉辦同志活動，甚至在第四屆時，補助經費舉辦台灣的第一屆同志遊行，也是目前為止唯一一次以政府經費直接資助同志遊行。基於這些經歷，德仔認為林正修在台北市的同志族群中應該可以得到許多支持，便負責幫助他在同志圈的競選宣傳。工作內容包括：連絡相關同運組織開會商討可行的同志政見，拜會各家同志酒吧與聚會場所，帶候選人到場拜票、製作並置放海報與酷卡，聯絡安排候選人與競選團隊參加同志遊行等等。競選過程中，也讓德仔對台灣的同志運動與組織運作有了一些基本認識。

林正修最後依然沒有選上，他得到近兩萬票，但距離當選仍有不小距離。由於台北市民政局長的經歷，林正修被視為馬家軍，但他不願加入國民黨，而是以無黨籍身分參選。當時馬英九身為國民黨內的明星，無法光明正大的為非國民黨的候選人站台助選，因此林正修馬家軍的光環不僅沒有帶來預期中的選票，甚至還阻止了一部份中間選民的認同，尷尬的身分與多年前的趙寧異曲同工。

三年前，政治素人柯文哲參選台北市長，由於他沒有班底，對藝文界又一無所知，就透過關係找了很多人加入他的藝文顧問團，德仔也是其中之一。那時是太陽花運動結束後不久，台灣的劇場界也受到啟發，嘗試組織起來爭取自己的權益。德仔參與了一個非正式的劇場人權益倡議組織，叫做「劇場勞動者聯盟」，進行劇場政策建議的發想與起草，也因此受邀為柯文哲的藝文政策提點子。德仔所提的政見，有不少被納入柯文哲的藝文政策中，因此他就與另兩位學者專家一起出席了柯文哲的藝文政策發表會，算是正式站台，並向媒體說明政策內涵。

但是政治是現實的，即使已經是在媒體前公開宣示過的政見，選後依然是船過水無痕，柯文哲當選至今毫無聲響。當初浩浩蕩蕩幾十人的劇場界市政顧問們，因為與柯文哲理念不合，紛紛求去，最後走得一個不剩。德仔覺得無論如何總得有一個劇場人留下來，便沒有跟進辭掉市政顧問的身分，但三年來，所謂市政顧問，便完全只是一塊台北市政府的樣板而已。

根據「臺北市政府市政顧問遴聘要點」，市政府有義務每年要召開一次諮詢會議，向市政顧問們報告且諮詢意見，這個會確實每年都有開，但這也是市政府與市政顧問間僅有的聯繫。台北市的市政顧問人數眾多，有幾百人之譜，光是德仔所屬的藝文組就有七、八十人。這七、八十人橫跨流行音樂、古典音樂、傳統戲曲、中西繪畫、舞蹈、視覺藝術、書法等等彼此不見得相關的眾多領域。這麼多人聚集起來開個會，就必然流於官員上台報告，顧問舉手發言幾分鐘，沒有任何深度討論與內容的大拜拜。包括德仔在內的許多顧問們都從第一次會議時就建議要把不同領域分開，以小組方式開會，才能各自聚焦在己身的專業領域，產出有意義的結論，但三年過去，官員們充耳不聞。

為柯文哲藝文政策站台（ETtoday星光雲提供）

而當初太陽花運動過後，熱血憂愁的劇場人們，隨著時日過去各自投入自己的工作，那些非正式組織漸漸連開會都喬不定時間，也漸漸自然消失了。

這幾次參與選舉與政治的經驗，都是協助一些較為非主流的候選人，或是單純義氣相挺，與台灣的政治核心沒有接觸，因此德仔大多只是為著體驗學習，或是不求回報的協助心態，並不是真的預期會對政策造成太多實際的影響。選舉結束之後，德仔就回到自己日常的生活之中，沒有想到未來真有一天能近身觀察台灣政治權力的核心。

政治辯論

台灣的辯論活動在國內不受重視，雖然長期發展政策性辯論，但總是只能侷限在校園辯論的格局中，政府機關或民間企業在出資舉辦辯論比賽時，通常也僅是著眼於辯論過程中可能激起的言詞火花，對於辯論的內容興趣缺缺，因此，台灣的政策辯論圈從未對政策形成產生實質上的影響。但是，台灣的政治活動中長期以來並不乏辯論的身影，自從一九九三年陳水扁、趙少康、黃大洲的縣市長選舉辯論開始，各級選舉的過程中便常常舉辦選前的政治辯論。除了總統與各直轄市長選舉中，候選人辯論已經成為不可或缺的活動之外，連各政黨的黨內初選也漸漸開始舉行辯論了。即使如此，這諸多的候選人辯論裡，少見具有辯論專業的人士參與其中，除了曾任世新大學口語傳播系系主任的游梓翔教授與前總統府副秘書長羅智強曾經協助過幾次馬英九參與的辯論之外，無論是辯論活動的舉辦單位，或是各候選人陣營的辯論幕僚，都不曾納入辯論專業意見。

二〇一〇年時，民進黨主席蘇貞昌參選台北市長，與德仔在同志議題上有諸多合作，雖然過程中風波不斷，但確實建立了兩人間的互信。三年後，當蘇貞昌決定要與馬英九針對是否應簽署兩岸服務貿易協議進行辯論的時候，便主動找了具有辯論專業背景的德仔加入他的辯論幕僚團。

大多數人對服貿協議爭議的印象都是從二〇一四年的太陽花運動開始，但其實在前一年六月，協議簽署之後，民進黨就已經發動過一波規模不小的攻擊，批判國民黨政府簽署服貿協議的動機、程序與內容等各個層面。二〇一三年八月，當時的民進黨主席蘇貞昌與馬英九總統談定將在九月十五日進行服貿政策辯論，雙方人馬立刻成立辯論幕僚團進行準備。蘇貞昌的幕僚團人數很精簡，只有三、四位黨務主管與幾位專家學者參與，包括德仔在內總共大約只有八人左右，因此，德仔在這場辯論的準備過程中，擁有相當核心的影響力。

民進黨的黨內文化裡有一個很大的優點，就是在開會的時候不太在乎發言者的身分地位，只要是被納入這個幕僚團裡的人，無論有多長的政治資歷，當過多高的官，或是學術成就多顯赫，開會的時候講話一律平等，在涉及個人專業領域的時候也很尊重彼此的專業意見。因此，德仔得以在會議中暢所欲言，深入的參與辯論準備的每一個步驟。

服貿協議辯論是政策辯論，比較可以聚焦在政策內容，本來戰場會比起一般的候選人辯論來得單純，但是服貿協議的整個架構戰場太龐大，這樣高層級的辯論準備過程也遠較學生社團參與的校園辯論更複雜，加上蘇貞昌行程很滿，不可能每天花好幾個小時準備，一個月左右的準備時間依然是非常緊迫的。從辯論上位概念的定調，服貿協議中幾個主要爭議的基本立場設定，每一個論點攻防交鋒的層層推演，依據辯論流程而安排的戰場選取與論點推進，到蘇貞昌的台風、手勢、體態、語調，甚至面對鏡頭的技巧，更別說這一切的準備工作還得在對服貿協議有正確詳實認識的狀況下才能開始，那一個月之中，德仔除了維持最低必須的配音工作之外，幾乎將時間都投入了這場辯論準備當中。甚至，在準備過程中，德仔還扮演馬英九，與蘇貞昌進行了一場模擬辯論，實際在台上激烈交火，以找出可能被遺漏的意外狀況。

這場服貿辯論最後並沒有真的發生，二〇一三年九月，發生了「馬王政爭」，九月八日馬英九開記者會公開譴責王金平，國民黨陷入嚴重內鬥。這個事件非常快速的吸納了所有的輿論與媒體焦點，也使得幾日後就該登場的馬蘇服貿辯論關注度大幅降低，最終民進黨在九月十一日片面宣布蘇貞昌退出辯論。雖然辯論沒有實現，但這是綠營第一次邀請辯論專業人士參與政治辯論的準備工作，德仔肩負著辯論專業與政治辯論未來能否繼續合作的重責大任，自認成功的讓綠營的許多核心政治人物對辯論人留下良好印象，不負使命。

二〇一四年，蘇貞昌卸下民進黨主席的身分，與蔡英文交接，隔年蔡英文正式代表民進黨參選總統，在二〇一五年底與二〇一六年初迎來了三場總統、副總統候選人辯論。時間距離馬蘇服貿辯論只有兩年，民進黨的黨務系統當中有不少人曾經參與過當時的準備工作，鑒於過往的良好合作經驗，於是再度邀請德仔參與蔡英文與陳建仁的總統副總統選舉候選人辯論幕僚團。

主持民進黨總統黨內初選參選發布會

這次的辯論準備範圍比起上次的經驗更為廣大，需要準備一場副總統、兩場總統候選人電視辯論會，另外還需要準備一場副總統、三場總統候選人電視政見發表會，總共七場共十八個小時的內容。不只如此，候選人辯論與政策辯論有所不同，政策辯論可以聚焦在單一政策議題上做攻防，戰場比較集中，但候選人辯論內容會有政見、過往政治實績、候選人人格與形象，甚至連未來可能的執政團隊都會被設定成交鋒焦點，需要準備的範圍非常龐雜，難以掌控。

同時，我國的候選人辯論與政見

發表會的制度安排也有很大的問題。以舉辦原意來說，政見發表會是讓候選人完整表達政策規劃與參選理念的場域，各人發言時間應趨向完整，避免輪換發言造成的互相攻擊情形。但現在的總統候選人電視政見發表會，卻是由各組候選人輪流發言共三輪。因此，第一輪申論時各組候選人還能大致依照原定內容申論，但自第二輪後，焦點便逐漸轉為攻擊對手，這完全違背了政見發表會的舉辦原意。而正好相反的，總統與副總統電視辯論會由於加入大量的公民提問，交互詰問只剩下一輪，不但完全喪失交互詰問中最重要的「追問」功能，而且每位候選人能主導詰問的時間更短至只有一分鐘，互相驗證他方立場的效果極度受限，造成整場副總統辯論會幾乎成為多段落的申論大賽，反而更像是一場政見發表會。

由於準備範圍龐雜，制度設計不當，加上辯論層級很高，意見有時分歧，準備的過程不容易掌控在理想的進程內，不過德仔認為這就是政治的過程，妥協與折衝是必要的，在混亂中努力找到平衡是政治人物的日常。

校園辯論較具理想性，常常受到質疑是否能實踐在政治辯論上，德仔過去也時常感到憂慮，經過了這幾次實際參與的經驗之後，德仔很有自信的說，這絕對是沒有問題的。德仔說明，過往許多人會誤解，因為擁有理性思辯能力的選民在整體選民中所佔的比例不夠高，大部分的選民還是容易受到政治口水與具煽動性的言論影響，所以政策辯論的理念難以在政治辯論中落實。但是事實上，候選人在競選過程中，面對組成多元的選民，本來就擁有多樣的說服工具可以運用，不同說服工具的目標群眾都不同。觀看候選人電視辯論的觀眾裡，有一部份人的政治傾向是難以被改變的，無論採取何種辯論策略都無法造成影響，這種人可以直接忽略不計。對於那些政治傾向可被影響的觀眾，德仔認為如果是比較不具理性思辯能力的，或是習慣接受感性訴求的，與其在政治辯論的場域中說服，不如另外利用政治演講、競選廣告等途徑進行說服，而政治辯論卻是重視理性思考與政策內容的觀眾形成判斷的少數管道，重要性難以被取代。

所以，政策辯論的準備依然應以政治理念與政見內容的比較與辯證為方向，校園辯論中的政策辯論，依現實需要作小幅度調整之後，便能夠成為最有效的政治辯論策略。

公共書寫

德仔對文字的興趣是在國小三年級時開始的，有一次他考了全班第一名，班導師送了他一本子敏的《小太陽》作為獎勵，那是他閱讀的第一本散文集，也讓他開始喜歡上看書。由於父母都必須出門工作的關係，德仔的童年裡當過很長一段時間的鑰匙兒童，放學之後就會回到只有自己一個人在的家。一個人在家裡百無聊賴，他就會把家裡有的所有的書翻出來看，有的是像瀛寰搜奇之類的閒書，也有一些是比較具文學價值的書籍，例如《三國演義》、《西遊記》或金庸、古龍小說，甚至在國小畢業以前他就看完了《朱自清全集》。

德仔說，國小五、六年級時，班上有班級圖書館，同學們捐出自己的書，由專人管理登記借還書。當時同學們捐的書大多是日本鬼故事或是歐洲童話故事一類的書籍，而德仔捐的是《朱自清全集》、夏元瑜的《以蟑螂為師》與古威威的《十六歲，北平》。很自然的，德仔捐的書乏人問津，這讓他感到有些沮喪。某一天，他翻閱班級圖書館的出借紀錄，看到有人借了《朱自清全集》，就很開心的去問同學閱讀感想如何，結果同學有些不好意思地跟他說，他只是把書借來墊便當用的而已⋯⋯

上高中之後狀況有了改變，多彩的高中社團生活佔據了德仔的大部分時間，能靜下來看書的時間便少了。同時，由於開始學辯論，德仔漸漸更習慣用語言而非文字溝通，再過了幾年開始從事聲音相關工作，對於語言就更為依賴。很極端的，從高中開始，德仔就幾乎完全沒有閱讀經驗，他說超過二十年以來，除了課堂上的教科書與為了廣播訪問工作而必須閱讀的書籍之外，他看過的書恐怕不到十本，平時的資訊來源與知識汲取管道都幾乎完全倚賴網路。連閱讀的習慣都沒有建立起來，更遑論寫作，德仔說，他除去考試時寫的作文，幾乎從來沒有用文字創作的經驗，因此當媒體向他邀稿，讓他發現自己也有文字能力的時候，是感到非常驚訝的。

二〇一四年三月太陽花運動期間，台大經濟系教授鄭秀玲發表了一份名為《兩岸服貿協議對我國的衝擊分析》的懶人包，其中有許多邏輯與事實上的錯誤。這份懶人包在網路上廣為流傳，德仔也在自己的臉書動態上看到許多人轉貼。因為先前參與過馬蘇服貿辯論的準備過程，德仔對服貿協議有一定程度的認識，擔心錯誤的資訊大量流傳，會對公共議題討論產生負面影響，便花許多時間寫了一篇反駁文章，張貼在臉書上。德仔的個人臉書帳號本來並沒有太多追蹤者，只是用來跟朋友們交流的，所以他寫這篇反駁鄭秀玲論點的文章也只是想給自己的朋友們看看而已，沒想到卻被分享了近兩千次。德仔說，雖然他沒有開放非好友留言，不致被陌生人的留言洗版，但依然感受到很大的衝擊，一時間有些不知該如何面對。

當時的社會氛圍非常緊張，網路上到處都是關於服貿協議的各式資訊與評論，人們對這些資訊也非常敏感。德仔幾經思考，認為應該在能力所及的範圍內盡量協助維持資訊的正確性，便在臉書上連續撰寫了多篇為服貿釋疑的文章，把兩岸協議所使用的艱澀文字，以較為容易理解的方式說明，並回覆一些認真網友們提出的疑問。後來，聯合報系統的網路公共書寫論壇（現名「鳴人堂」）的編輯與德仔聯絡，希望能轉載那篇反駁鄭秀玲論點的文章，德仔覺得文章寫成已過了一段時間，內容有調整的必要，加上原來只是打算寫給朋友看，使用的文筆及語氣做為正式的論壇文章有些不夠莊重，便婉拒了邀請。不過，這次聯絡成為了德仔與鳴人堂合作的契機，鳴人堂的編輯邀請德仔固定為他們撰寫評論文章，雙方便正式簽約，開啟了德仔的公共書寫體驗。

在擁有了自己的網路專欄之後，德仔說，第一個要克服的困難，就是「點閱數」的誘惑。如同所有追逐點閱數的網紅、粉絲團、網路廣告一樣，定義網路作者們是否成功的標準，也常常是點閱數。所以，如果作者們在意自己是否受歡迎，就一定會在意點閱數。對於像德仔這樣剛剛開始寫作的人而言，點閱數甚至可能成為作者們自我肯定的憑藉，一旦文章點閱數過少，就會懷疑自己是不是文字寫得不好，是不是論點不正確，或者是不是對議題的認識角度根本錯誤了。過於在意點閱數會對寫作造成許多影響，最嚴重的就是作者們基於輿論的自我審查，擔心自己的觀點與社會上的主流風向不同而招致罵名，因而在寫作主題選擇上迎合主流觀點，或是在文章中對兩造進行評論的時候避重就輕，以避免觸怒某些具特定立場的讀者。

另外還有一種影響是刻意追逐重大話題，德仔說道，每次當有重大社會事件發生的時候，都可以看到某些作者在事件發生幾個小時之後就立刻推出了自己的評論，在眾所矚目的熱潮上立刻可以攫取數十萬的點閱數。但德仔不喜歡這樣的做法，雖然即時的評論對於引導讀者思考與關注上確實是有意義的，但他認為在事件發生的當下，事件本身常常還在發展中，相關的資訊也還相當片段與破碎，在這種時候遽下評論，實在很難客觀完整的進行論述。所以，德仔總是習慣在事件發生至少一個禮拜之後，收集到了足夠的資訊才開始著手寫作。這樣的做法勢必會減少文章的點閱數，但德仔認為至少對於他而言，寫出自己能充分信任的文章更為重要，也才對得起他從事公共書寫的初衷。

剛開始寫作時，與鳴人堂簽的約是每兩週供稿一次，但由於學習政策性辯論遺留下的習慣，德仔在針對公共議題寫作的時候會援引大量的數據與研究資料，對於文章論點的建立也比較謹慎，這使他每寫一篇專欄文章時，都必須花費比別人更多精力與更久的時間來完成。兩週供稿一次的壓力，影響了德仔的文章品質，他便與鳴人堂達成共識，未來以不定期供稿的方式繼續合作。德仔說，他在與鳴人堂合作的過程中讓他對於傳統媒體的印象完全改觀。鳴人堂是傳統媒體聯合報旗下的新單位，而聯合報過往常給人泛藍媒體的印象，「聯合重工不意外」這樣的批評時有所聞。但在德仔與鳴人堂合作的過程中，他們從未對文章方向有任何干涉，相反的，他接觸到的幾位編輯與工作人員，都散發著濃烈的理想性，讓德仔對網路媒體的發展依然保有許多正面的期待。

德仔網路書寫的主題，近來除了公共議題之外，還擴展至電影介紹。德仔表示，他不敢說自己寫的是影評，也不具備多深的電影專業，所以他刻意選擇一些主題較為冷僻的電影，希望能以電影為引子，帶領讀者去認識那些主題。例如德仔在介紹《被遺忘的孩子》這部片的時候，就是藉由介紹電影，向讀者介紹車臣戰爭的經過與不同歷史面向。從某種角度來說，德仔雖然是在書寫電影，但其實也依然是在書寫公共議題。

在藍綠對抗中選擇立場

在台灣，談到政治，就不能不談統獨與藍綠。德仔的家庭，是道道地地的外省人家庭，父親來自以前的熱河省赤峰縣，現在的內蒙古自治區赤峰市，二十出頭歲時，才風塵僕僕地來到台灣。母親是山西省崞縣人，現在改叫原平市，一家子都是軍人子弟。在這樣的環境中長大，可以想見德仔小時候，過的便是道道地地的「外省人」家庭生活，家裡的電視與收音機從早到晚播放相聲與京劇，餐桌上常常出現台灣市井見不著的麵食，有些地道的連名稱都難以說清，有客人來訪時，各省濃重的鄉音更是家裡的日常光景。

家裡是扎扎實實的北方人，但德仔說小時候感覺不到對台灣元素有任何排斥的跡象，照樣是跟大家一起迷布袋戲，肉圓、肉粽、刈包、蚵仔麵線等台灣小吃也是全家人的心頭好。德仔覺得，自己的家庭應該是對省籍情結完全沒有概念的，他的父母都是很單純老實的人，雖然是生活在外省文化的環境當中，不過，對於接觸到的台灣文化，覺得喜歡的也就很自然開心的接受，沒有思考過本省與外省的分別。

德仔第一次感受到省籍情結的存在，是在國中的時候。國中三年級時，有一次在晚上留校讀書時跟本省籍的班長聊天，班長面色凝重、語重心長的對德仔說：「你都不知道，你們外省人是怎麼欺壓我們本省人的。」德仔像是被重重的擊了一拳，雖然班長並不是帶有敵意的這麼說，對於才讀國中的孩子來說，可能對於省籍問題也還懵懵懂懂，但德仔感覺像是自己跟同學之間被分隔開了，似乎彼此是根本不同類的人。甚至，德仔因此感到慌張與惶恐，擔心自己或是自己所屬的群體是不是真的曾經做過很多壞事。德仔說，其實事後回想，由於威權時代對於資訊流通的控制，加上家庭環境的先天限制，當年他根本接觸不到諸如228事件等與省籍衝突有關的消息，或許有不少的外省第二代、第三代都是在長大後才猛然驚覺這些省籍間歷史遺緒的存在。

許多外省孩子在這樣的經歷之後，會努力的去尋找、理解甚至研究那些在成長過程中所錯失的歷史。但德仔採取的是另一種方式，大致在國中到高中的這段時間裡，德仔的心裡漸漸升起了一股不服氣，覺得自己做為外省第二代，從小被批評不愛台灣，那麼他就要用他的人生來證明，他比大多數人更愛台灣。德仔日後對於公共議題的關注與使命感，有很高的成分是來自於這段少年時的心理衝擊。

提到統獨，德仔說大致在他二十五歲以前，都是堅定支持兩岸統一的，而當時所謂的統一，當然是指由「中華民國」統一中國。這種立場的形成對他來說是很自然的，如果現代台灣年輕人可以稱為「天然獨」的話，那麼德仔最早對於統獨的理解就是屬於「天然統」的那一種。德仔進一步說明，小時候對政治與歷史的理解都不深，統獨的判斷是很生活化的，他接觸的家庭文化環境就是純粹的外省文化，無論食衣住行都與當時想像中的「中國」完全一樣。與其說支持統一，不如說是覺得明明是一樣的文化一樣的生活，根本想不到有甚麼「獨」的道理。德仔的父親是當年是隻身前來台灣，遺下的所有親戚都長居在內蒙古自治區，有同父異母的哥哥與大嫂，有姪子與侄媳們，侄孫與侄孫女們，甚至現在連曾姪孫都已經出世好幾年，在私人的情感上自然更希望兩邊可以是同一個國家，似乎分住兩地親人們之間的距離也可以因此更近一些。

不過，德仔說，他支持統一的立場在三十歲前後漸漸開始產生了變化，主要是因為兩岸分治已經六十年，無論在分裂當時兩岸間的差異到底如何，經過六十年之後各自的社會、文化、生活都已經有了很大的轉變，隨著歷史不斷的往前進，兩岸越來越不同，統一的理由也就越來越薄弱。另一方面，即使單單考慮德仔小時候對於中國的印象，那也早已成為歷史的一部份，無法藉由兩岸統一尋回了。歷史的演進與在台灣的生活，讓德仔認為目前比較支持台灣走出一條自己的路，不需要再跟誰統一。但德仔也提到，現階段兩岸關係與國際局勢都不允許台灣做出選擇，未來是不是真能有可以做出選擇的時候也還在未定之天，屆時該怎麼做恐怕又是另外一回事了。

而在藍綠之間，德仔說他在年輕時確實是與國民黨比較接近的，但這倒不是因為認同國民黨的意識形態或文化，只是單純不喜歡民進黨早期過於草根的抗爭路線而已。到了三十歲左右，有許多辯論圈的朋友都在泛藍陣營發展，例如游梓翔、陳以信、羅智強、殷瑋都先後擔任過藍營的發言人，國民黨青年團更是連續三屆主要的工作人員都是在辯論圈裡認識的朋友，綠營方面卻一直只有趙天麟在高雄發展。所以德仔在那幾年也就與藍營走得比較近，曾經與國民黨青年團一起參與國民黨內部的會議，也曾掛名國民黨青年團的幹部幫忙上政論節目，雖然沒有直接參與政治工作，但一直保持著相當親近的關係。

到了二〇一〇年之後，由於認識了蘇貞昌的幕僚，無論是在聲音工作或是政治辯論上，德仔與民進黨都有較多的接觸。除了成為馬蘇服貿辯論與總統選舉辯論的幕僚之外，也曾為蘇貞昌、蔡英文、吳秉叡等綠營政治人物擔任廣告製作時的聲音導演，更有不少廣告或影片配音的合作。

不過，德仔說，他畢竟不是直接從事政治工作的政治人物，可以與藍綠陣營同時保持適當的距離，兩方也都很尊重他的專業，不會用政黨色彩或忠誠度來定義他。德仔舉例說，二〇一五年九月，當時他已經開始協助蔡英文製作政策動畫影片，但也同時去當了國民黨青年團的總團長遴選委員，藍綠兩方都沒有對他做多餘的限制。德仔認為政治實務上，大家都很清楚分際應該拿捏在哪裡，除了特別核心的事務之外，並不會對藍綠標籤過於敏感，反而是媒體與民眾常常大驚小怪。台灣的媒體出了名的嗜血，藍變綠或綠變藍這種似乎「反叛」的標題很受歡迎，德仔也曾經被做過一則「藍軍變綠將」的新聞，新聞中將德仔稱為「國民黨青年軍」，想營造出兩軍陣前將領帶槍投靠的媒體效果。

至於一般民眾，就比媒體更不理性，德仔說，他每次出現在政治性的新聞上，或是談論政策的專欄文章刊出時，就會成為國民黨的走狗或是民進黨的打手。二〇一四年時，國發會辦了幾場自由經濟示範區溝通會，首次採用網路直播的方式進行，為了讓討論能更切中問題核心，沒有採用常見的一問一答，而是採取一對一即席詢答

擔任蔡英文的聲音導演

的做法。這樣的方式更有助於討論，但失控的風險也很高，因此國發會透過關係邀請德仔發揮他的政策辯論長才，擔任主持人。由於主持人是由國發會邀請，網民們便理所當然的覺得德仔是站在政府那一邊來對付現場提問的公民媒體的，直播的留言區不時出現「無恥的走狗」、「公務員為了飯碗甚麼都講得出來」、「他一定在中國賺了很多錢」之類的留言。但事實上，德仔當天數度運用質詢技術為公民媒體追問逃避問題的政府官員，溝通會結束後也有不少媒體前來感謝德仔的幫助，只是民眾太習慣為人貼標籤，不願意客觀思考與觀察，而對德仔有了負面的印象。

對於這些媒體報導與民眾批評，德仔說他真的完全不以為意。年輕時在廣播電台當主持人，節目中評論音樂與電影時，早就聽過、看過太多明星粉絲們的不理性批評與狠毒咒罵，所以心智已經鍛鍊得很強壯了。相比之下，德仔更感慨的是民眾的思辯能力低落，對公共議題的討論品質很不利，也很容易在公民監督下反而粗糙的產出了不好的政策。德仔念茲在茲的，依然還是辯論教育，期待政策辯論的推廣能夠對公共議題討論帶來正面的影響。

第七章 人生哲學

這天會面，我們與德仔依舊約在他常去的咖啡館，入秋的天氣有些涼了，德仔今天也「換季」穿了一件休閒的西裝外套。訪談的排程接近尾聲，所以今天他與編輯們開始討論對於書籍封面的構想，他喜歡低調沈穩的海軍藍，希望書呈現出的風格是穩重內斂的。

在這一天，德仔與我們暢談了許多關於他人生中最核心的價值，以及他年少時很特殊的求職經歷，他認為人的價值觀是隨著生命經驗的累積慢慢形塑而成的，他可以很清楚的憶起年輕時的自己與現在相比，看待世界的方式大不相同。德仔認為，家庭與學校教育給了每個人一個最基礎的框架，但在成長的過程中，人們必須努力地將觸角不斷伸出舒適的生活圈，才能衝破這個框架，逐漸建立起真正屬於自己的價值觀。

也因為每個人的價值觀與自己獨一無二的生命經驗息息相關，德仔建議大家不要懼怕過跟他人不一樣的人生，大從事業、婚姻等等人生重大選擇，小到日常生活飲食習慣，都要勇敢的忠於自己，也是這些專屬於自己的各種細節定義了每個人無可取代的存在。

但這些原則與定義也是時常需要調整變動的，德仔提到，在快四十歲的時候，他開始注意到生活有漸漸僵化的趨向，或許在不遠的未來，該是時候再為自己的人生加入一些新的刺激了。

學習是終生課題

關於大學教育，德仔親身經歷了許多，從一九九五年第一次考進中國文化大學開始，德仔唸過三次大學部，一次碩士班，總共十六年的大學生涯，他對大學教育的看法也與一般人有很大的不同。

德仔第一次唸大學的時候是在大四時被二一退學，他隔年經由轉學考考回原來就讀的科系，唸了三年還是沒能畢業。這時德仔原本打算先去當兵，但看同學們都正在考碩士班，於是也以學個經驗的心態報考，沒想到竟然考上了，就順水推舟的當了四年碩士生。德仔在大四時就已經開始在廣播電台擔任節目主持人，所以後來的這幾年雖然有學生身分，但真正唸書的時間並不多，而是將大部分的時間都給了工作，自然也沒有分出心力來寫論文，碩士班唸了四年，修業年限屆滿就結束學業當兵去了。退伍之後過了幾年，德仔開始認真的想要回到校園裡學習，於是再度參加了轉學考，回頭又從大學部唸起。這次回學校唸書，德仔的成績非常好，好到成為全學院第一名，被選為正冠代表，最後在37歲時才正式畢業，離開學校。在大學裡待了這麼長的時間，與一般人的大學體驗大不同，德仔還曾受邀上「大學生了沒」節目暢談自己的大學生活，被笑稱為是「大學界的孫中山」。

（●）

德仔在大學的時候參加過幾次關於學費開放政策的辯論比賽，辯士們在準備比賽時都會翻閱《大學法》，或者相關的教育法規，透過對法規的理解探究各種教育體系最初的立法理由。大學教育有一個明顯的特色，高中、國中、國小，這些中等教育以下的學校，都有入學年齡限制的原始設計（高中入學年齡限制於二〇〇一年時廢除），如果年齡超過某個歲數，就只能考補校。但大學從來就沒有報考年齡限制，還可以容許重覆攻讀，政治系唸完可以再去念法律系，法律系唸完還可以再去唸生物系。雖然現今台灣大學普及，大學教育有走向通才教育的趨勢，但相較於高中以下的國民基本教育，兩者仍在本質上有著很大的差異。

從以前到現在，絕大部分的人都是以對未來職涯的想像作為選擇科系的主要考量，但德仔認為，大學的功能絕非僅是養成工作技能，與技職教育的目標混淆在一起。如果只談畢業出路，大學中有不少科系並沒有明確對應的工作。像是哲學系、歷史系，以及藝術學院的眾多科系，就很明顯不該是為了某些特定的工作服務，在碩博士的研究領域中，更有許多學術研究的價值難以被轉化為市場價值。

德仔將大學定位為「追求知識的場域」，無論在東方與西方社會中，大學在起源時都帶有更高的理想性，更單純的學術目的，對於「大學」的想像，並不必然與未來的職業有關。他選擇就讀大學，而非技職體系，單純是因為他對大學裡教授的知識有興趣，僅此而已。因此，他也認為唸大學這件事，不該僅被侷限在進入職場前的某個階段。他不認同目前社會大眾、政府單位甚至大學本身看待大學教育的方式。

德仔在人生中曾經不斷被問到：「大學唸了這麼久，為何不趕快脫離學生這個階段，然後往下一個階段邁進？」這個問題在他已經取得事業上的小小成就之後依然不斷出現。他感到不解，為什麼學生必須要是一個「階段」，更直接的說，是屬於二十幾歲以下的人們才應該具有的身分呢？為什麼當人成長到一定的程度之後，就不該再回頭當學生呢？為什麼「學生」這個身份需要有結束的時候呢？德仔認為「學生」這個身份應該能夠與一位老闆、員工、父親，或者任何其他身分重疊才對。新聞媒體在報導社會事件時，常會描述：「這個人還是大學生，『就』成為父母了。」或是「這間頗具規模的公司，老闆『竟然』還只是大學生」，他不懂為何「大學生」這個名詞，要被賦予如此具有限制性的意涵？對於大學生的這種狹窄想像，還進一步造成了社會大眾貼在學生身上的莫名標籤，像是「還只是大學生」的罪犯應該被原諒，或是因為「還只是大學生」所以單純容易受騙等等。德仔在二〇一四年，三十七歲時才從大學畢業，直至前幾年，他發現校方要求他填寫的各式資料中，都還包括「家長」這個欄位。家長一般來說指的是監護人，是未成年者、無行為能力或限制行為能力者才會有的，一所大學如果預期學生都有家長，代表它假設就讀於這所大學的人都還是未成年者，在設計課程、安排師生關係時都會朝向不適合成年人就讀的方向發展。

更進一步的，德仔認為唸大學不只是沒有必要被限縮在人生的某一個階段，他更認為應該要積極的分散唸大學的時間，避免在短時間內唸完大學。德仔以自己為例，他說自己在年輕時唸書效率很差，常常課愛上不上，能混則混，成績也當然不佳。但是當他退伍後，已經累積了十年工作經驗再回到校園裡時，情況就完全不同了。首先，當自己已經開始工作之後，會很清楚「回學校讀書」是有成本的，必須犧牲可工作的時間，也得付出一筆數目不小的學費，因此更在意上課時是否學到了足夠的知識作為回饋。同時，在職場打滾過後重回校園，也能完全理解自己這麼做的目的是甚麼，相較於年輕時懵懵懂懂、人云亦云的考大學，目標更為明確，學習效率也更高。

德仔說，三十幾歲以後回到大學校園裡唸書，還有另一個附加利益，就是讓自己有機會貼近年輕人的觀念與世界，沾染一些失卻許久的青春氣息，許多時候都讓他的心也跟著年輕了起來，可以更積極、更有動力的去面對生活。

人生充滿著變化，在生命中的任何時間點都可能會出現

B00046001
中國文化大學
CHINESE CULTURE UNIVERSITY
學士學位證書
賈培德
中華民國 66 年 9 月 24 日生
在本校社會科學院政治學系
修業期滿成績及格准予畢業依學位授予法之規定授予
政治學學士學位
此證
院長
校長 李天任
學號：99408015
文(1022)大字第UYAPS0053號
中華民國 103 年 6 月

學習的需求，德仔認為只要時間上允許，也負擔得起學費，就應該要回到學校裡去，不要受到對於大學的刻板印象影響。

德仔說，他之所以唸了那麼久的大學還沒有畢業，一方面是因為學歷對他的工作發展並不重要，二方面是他希望能持續保留學籍，以便在有空時隨時可以回到學校去學習。二〇一四年時德仔決定畢業，是因為他感受到身邊的大學生素質，無論是在知識水準與求學態度上都漸漸變差，老師們為了配合學生的學習進度而不得不減低課程深度並放慢課程進度。由於在同一個系所上了十幾年的課，德仔能很明顯的感受到這樣的改變。德仔開始覺得，似乎在大學這個階段，他已經不再有太多東西可以學習了。但這並不代表德仔要放棄回到校園裡學習，他說如果一切順利，一兩年內應該還是會再報考政治系碩士班，繼續充實自己。

至於這次會不會順利念完碩士呢？德仔說他其實沒有特別的計畫，現在的研究所招生不足，不但入學非常容易，產出論文品質也受到影響。幾年前德仔曾經看過一本碩士論文，題目說的大致是以警察廣播電台為例，談公營電台的發展，但內容幾乎全抄自警廣的內部刊物「警廣通訊」，只在論文最後短短一頁的結語放了作者的個人觀點。德仔表示，既然自己並不在乎學歷，是不是能夠完成畢業論文就並不強求，如果興趣、時間、能力都配合得好，能有一個屬於自己的研究成果當然再好不過，但如果論文內容並不足以達到一定的品質，他也絕對不會濫竽充數，讓學習的過程與成果都能夠對自己負責。

多職能與跨界技能

有一句流傳在職場的名言佳句：「一輩子只做好一件事，就會成功」，一輩子只打磨刀劍的鐵匠，一輩子只作育英才的師者，這些富含匠人精神的工作者，是工作在人們想像中的理想形象。但是德仔認為，身處現代社會，這句話已經不適用了，在現在以至未來的世界裡，多職能與跨界技能才是生存競爭的關鍵。

德仔進一步說明，他認為現代社會與過去的傳統社會有幾個迥異之處，造成了這樣的改變。第一是教育普及與學習成本的下降，傳統社會裡教育資源稀缺，花費高昂，加上一般人經濟生活困頓，根本沒有多餘的時間與金錢負擔學費，使教育成為有錢人或貴族階級的專利。但現今的教育普及，學習成本低廉許多，每個人都能得到基本教育，若要進修或學習各種才藝，花費也大幅降低，使得人們將資源分配給多種技能的學習成為可能。

第二是資訊與知識的爆炸性流通，在古代，別說是根本沒有資訊科技的概念，連交通技術都不發達，人員與資訊的流動很慢，即使手上有大把銀子，尋求良師本身就是件得碰運氣的事，若想自行搜尋知識來學習更是事倍功半。但現代網路科技發達，資訊只嫌太多不怕不足，不但媒合學習需求與師資很容易，通常只需要上網搜尋關鍵字就能找到門路，就算想自己嘗試近用知識，也是隨手拈來取之不盡。

德仔說，這當然不是說專精某項技能完全沒有價值了，而是習得基本技能的門檻大幅降低，使得技能產生價值的方式有了新的可能性，可以經由技能的組合創造出屬於自己的競爭力。

德仔以自己最為人所知的典禮司儀工作為例，正確咬字與控制聲音的技術這些配音技能是基本的工作需求，但更重要的是面對重大場合的抗壓性、無NG不吃螺絲的準確度與現場不潤稿即席唸稿的能力。在頒獎典禮擔任司儀與在錄音室工作很不一樣，除了典禮現場冠蓋雲集之外，透過轉播即時收看的觀眾有幾百萬人，心理壓力之重不是獨自在錄音室工作的配音員日常所能比擬的。同時，配音員在錄製廣告或戲劇作品時，偶有出錯是可被允許的，但在擔任典禮司儀時由於是現場直播，必須一次完成，容錯率趨近於零。典禮現場常常出現意外狀況，許多時候司儀都會被臨時要求增加要唸的內容，雖然大部分的時候製作單位依然會提供文稿，但幾乎沒有潤稿的時間，必須拿到稿子就立刻開mic說話，甚至也會有來不及寫稿，要求將要說的話硬記在腦子裡直接上陣的狀況，這也是一般配音工作時不會遇到的。

德仔說，他之所以能夠擁有這些一般配音工作以外的技能，是來自於他在廣播節目主持的經驗。德仔主持過的廣播節目全部都是現場節目，即時聽眾雖然沒有幾百萬人也有幾十萬人，面對群眾說話而不緊張，是在警廣時期就被訓練過的。在警廣與飛碟電台時，他也曾經兼任新聞播報工作，因為同時是節目主持人的關係，不會負責新聞編撰，而是在節目進行到整點時，接過新聞部同仁送來的新聞稿就直接播出，也幾乎沒有潤稿時間。

現場廣播節目主持經驗加上配音技能，使他擔任典禮司儀時能夠完成的工作價值比別人更高，也是他之所以能持續受到青睞的原因。

在廣播與配音習得的聲音技術，對德仔從事劇場演出也大有裨益，在聲音表演上累積的經驗，讓他在尚未踏上舞台之前，就擁有了基本的表演能力，雖然他對於肢體表演較為不擅長，但德仔有信心，至少在口條與台詞詮釋上，他能夠有超過一般專業劇場演員的表現。八〇年代中期以後，台灣的劇場界有許多年對過於清晰，咬字過於標準的表演方式感到反感。同一時期，小型劇場漸漸興起，表演的場域變小，與觀眾的距離拉近，造成了一整代的劇場演員較為不重視表演時的口條與咬字，德仔的口語能力因而在現今的劇場界成為少有的演員特質。二〇一五年時，德仔與同黨劇團合作的兩部作品：《金控迷霧》與《平常心》的劇本裡都有極為大量的台詞，良好的口語能力讓擔綱男主角的德仔能夠更自在的駕馭角色，將角色與台詞適切的結合在一起。

這些不同領域工作經驗之間的影響是雙向甚至多向的，在劇場界的表演經驗，也回頭對德仔的配音工作帶來正面的幫助。配音員依據所接的工作性質不同，需要的聲音技能也不盡相同，對於傳遞產品訊息的旁白來說，最重要的是聲音的穩定度與咬字的完整，詮釋情感的能力相對來說不那麼重要。但是對於需要在廣告中扮演角色進行對話，或是有明確角色或情緒設定的案子，像是電影廣告等，細緻的情緒表達與角色表演就是關鍵了。德仔在劇場表演時累積的表演經驗，也使他在這些類型的工作中相較於其他配音員們更為得心應手。

德仔認為，不同工作經驗所取得能力之間的結合，可以創造出每個人獨一無二的競爭力。例如同樣都從事設計工作，如果其中某位設計師有木工製作經驗的話，他在各式木造家具、建築、飾品設計的能力必然會比僅擁有設計知識但缺乏手作實務經驗的設計師更好。在這個人才教育大量複製化的時代，擁有跨領域的多種職能，是在市場中爭得一席之地的好方法。

另一方面，現代就業市場變化太快，某種產業可能在短短幾年間成為市場主流，但也很可能快速的退燒。像是以開心農場為標誌，曾經紅極一時的網頁遊戲，在手機遊戲興起之後，短短不到十年間，整個市場已經完全消失。如果工作能力太過集中於某個單一產業，很難一輩子都維持同樣水準的市場價值。這時，擁有多樣能夠互相支援與組合的工作技能，就成為對抗快速市場變遷的利器，讓就業者可以在最短的時間內調整自己，以符合最新的工作市場需求。

所以，每當有朋友在找工作時向德仔尋求建議，德仔總是叮嚀朋友不要單純以工作收入或福利條件的高低作為選擇工作的標準，而必須顧及新工作與舊工作之間在核心能力上的連結，以及新工作對擴展未來職涯的可能幫助。德仔說，許多朋友會羨慕他彷彿總是很清楚自己的工作目標，但事實上他從未明確立下志向，「我未來要當配音員」或是「我未來要當廣播主持人」。而是在每次接觸新的工作機會時，把自己從事工作的時間與心力儘量分配在口語傳播與表演相關的大範圍領域中，這些核心能力能夠互相連結，但又不完全相同的工作經驗，便會不斷的為他開啟各種新的工作可能性，並且能夠在新領域中依然維持高度競爭力。

德仔同時認為，在從事不同職涯領域的工作過程中，也會不斷的擴展自己的人脈圈，帶來更多可能的工作機會。像是他在廣播主持的生涯裡，因為訪問來賓的機會認識了許多劇場演員與導演，後來當他想要踏足劇場演出時，這些朋友就會成為他重要的助力。總而言之，德仔認為在工作過程中不斷讓自己的能力與人脈保持流動與活性，在現代職場上已經取代了傳統上忠於並堅守一門技藝的觀念，成為風險最低也最有效的工作模式。

多元的人生觀

德仔生長在軍人家庭，家境小康，受著良好的教育。但在高中畢業那年，他接觸了台灣的酒店文化，這大大地打開了他的視野，並且讓他對於「人」有了更多的理解與尊重。當德仔提到他曾在酒店服務時，筆者感到很吃驚，但他完全不以為意，很樂於分享這段過往，並認為對他未來看待世界的方式有很重要的影響。故事要從德仔高中畢業時開始說起，那時他未滿十八歲，就自行翻閱報紙上的分類廣告，去酒店應徵當少爺。

德仔一直在很單純的環境長大，軍人家庭、國中前段班、公立高中，考上大學，一直處在所謂正向陽光的環境裡。但在成長過程中，一些不對勁的感覺開始累積，他慢慢發現到自己的世界不夠真實，他認為這個世界的真實樣貌，一定不只是他生活中所看到的那些而已。

國中的分班制度，是讓德仔開始認真思考的契機。在德仔唸國三時，學校將所有學生重新編班，依成績分成前段班與後段班，這摧毀了他國中時的人際關係。國一、國二的同班同學中，只有三個人分到前段班，分班之後，德仔與以前的同學之間產生了一層隔閡，就再也沒有機會與國一、國二的同學聯絡了。

本來在分班前，班上有四個人總是輪流成為考試的前三名，但最後只有三個人進入前段班，第四名的同學以微小的差距被分入了後段班。有一次德仔與這位第四名的同學在學校走廊上狹路相逢，那位同學竟然神色慌張地迴避了他的視線。德仔受到很大的衝擊，他知道對方其實是窘迫的，心靈受傷了，他們之間的友誼已經永久性的產生裂痕。但德仔甚麼話都說不出來，對這個狀況完全無能為力，只覺得自己是分班結構中的一個共犯。

在尚未分班之前，某一次段考結束後，德仔帶著班上其他幾位前幾名的同學跑去撞球場玩。在那個年代，撞球場被師長們貼上許多標籤，說那是壞孩子、小流氓才會去的危險地方。或許是出於一種冒險的心態，德仔就帶了這些師長眼中所謂的「好學生」去。在那裡，他們遇到了班上常混撞球場的同學們，這些同學平常在班上跟德仔他們並不熟稔，感覺根本是不同掛的。當他們看到德仔一行人的時候，吃驚地問：「你們怎麼會來這裡？」他們臉上流露出的表情不只是驚訝，而是開心、感到驚喜的。那個下午，彷彿原來在同學間的某種分類被打破，高牆被推倒，大家很開心的玩在一起。但在國三分班以後，德仔跟這些同學們也彷彿理所當然般的再也沒有聯絡了。

許多單一的事件逐漸累積，形成了德仔心中對於真實世界樣貌的懷疑。在他高中畢業那天，他猜想真實的台灣社會，以及人們的生活，一定不只是自己的眼睛所看到的這般，也絕非僅僅如同自己生長的環境一樣。所以才剛領到高中的畢業證書，德仔便決定要去酒店工作，想要藉由完全不同的生活體驗，擴展自己的眼界。德仔還記得，第一天出門上班時，他的母親就坐在客廳，母親知道以前德仔去速食店打過工，以為這次的工作也是類似於以往的型態。

「我去上班了。」

「去哪裡上班？」

「去酒店上班。」

「啊？你要去酒店上班？」德仔的母親驚呼。

「對啊，怎麼了嗎？」

當時的德仔很叛逆，語氣中並沒有要徵求同意的意思，母親也很清楚。在一小段沉默之後，母親只跟他說了一句：

「嗯……不要喝太多喔。」

德仔工作的地點位於台北車站附近，那是一家很傳統、在地的卡拉OK酒店，不是現今想像中很貴的KTV或制服酒店。店內裝潢簡單，擺設著一桌一桌的小圓桌，有個小小的舞台跟舞池供客人唱歌跳舞。每桌低消兩百，一瓶啤酒兩百，一手六瓶一千，除了啤酒之外，客人愛喝的是紹興、黃酒跟玫瑰紅。店裡不做「黑的」，是做「清的」（不提供色情服務），負責陪酒的叫「經理」，大約都是四、五十歲的中年婦女，很明顯只賣藝不賣色，陪你喝酒、划拳、聊天。

會去消費的客人都是在地的，台北車站附近的一般民眾，也有休假的警察與地方角頭光臨。這些地方角頭在一般人的觀念裡，就是地痞流氓，但事實上他們只不過是附近生活圈裡比較有影響力的人物，不見得真的在從事甚麼非法行業。他記得那時候有一位綽號叫「大頭」的當地大哥，白天似乎在中華郵政之類的公務機關上班，但是下班之後，他就是在地的大哥，出入常常帶著小弟。

那個年代的大學還沒有現在普及，一般大學生也很少到酒店裡工作，但很特別的，德仔工作的那家酒店，店內的少爺幾乎都是大學生。在地的大哥們對這些大學生非常友善，有時候當德仔跟大哥們沒大沒小時，大哥身邊的小弟們會怒目相視，但大哥們卻總是和顏悅色。有一次德仔忍不住好奇，問那位「大頭」為什麼對少爺們這麼好，對方說：「每個人都有專長，在我們這一塊，我是大哥，但在你們那一塊，你們會讀書，我不會，所以我會尊重你，我們沒有高低之分。」德仔一直認為這是很有智慧的一番話。

德仔覺得這段經歷大大地打開了自己的視野，小時候我們一直被師長教育，說那些特種營業場所都是壞人、黑道去的，他們會打人殺人、把人斷手斷腳，只要走進去就會有生命危險。但是當德仔真正貼近他們，便瞭解到他們也有自己的生活要過，也有喜怒哀樂。就算真的是所謂的「黑道」，也有老婆小孩，也會為了經濟狀況煩惱。他們也需要朋友，也會害羞不好意思，看到可愛的小動物也會流露出疼惜的眼神。黑道或許從事非法生意，但他們不是神經病，不會一天到晚拿著刀在路上找人砍。所謂特種行業，在絕大部分的時候也就只是一種行業，從事特種行業的人跟任何其他人都沒有本質上的不同。人們不應該用粗暴的方式將人分類，在他們身上貼上負面標籤，這不但造成許多惡意的歧視，也會將自己的眼界只限縮在一個小小的同溫層裡。

從事酒店少爺工作僅僅兩個月，也影響了德仔對金錢的看法，讓他曾經短暫地在金錢觀上產生扭曲，但很快地又回歸正軌。酒店裡的少爺其實就是單純的服務生，不需要陪酒，但當時還算是台灣酒店消費的高峰期，即使是德仔工作的傳統小店，也有不少小費可賺。那個年代還有很多客人，一走進店裡，就拿出千元大鈔換成幾疊百元鈔放在桌上，只要你去正常服務，他就會給你小費。底薪加上小費，少爺們每個月平均可以賺到六萬多元以上，對當時才正要滿十八歲，先前只在速食店上過班的德仔來說是很高的一筆收入。

每天晚上八點開始上班，凌晨三點左右下班。下班之後，德仔常跟同事跑去二十四小時的泡沫紅茶店混到早上，同時亂發小費。德仔說，事後想起，覺得這可能是一種補償心理，上班的時候別人發小費給自己，下了班換成自己發小費給別人。例如在泡沫紅茶店裡點飲料，給一百塊小費，飲料送來，給一百塊小費，結帳給一百塊小費，請服務生幫忙買包菸再給一百塊小費，一個晚上光是給出去的小費就不知道能喝多少杯飲料。這一方面是一種發洩、擺闊的補償心態，二方面也像是在第一次有像樣收入的時候，嘗試使用金錢的一種實驗。不過，一個月賺五、六萬自然比不上中樂透，德仔很快的就理解到該如何正常的理財，不再胡亂揮霍。

那兩個月的工作經驗，對德仔來說，使他在許多方面快速地打開眼界，也大量的接觸全新的事物，而德仔認為最重要的影響，在於學習到自己不應該為任何人貼上粗糙的標籤，每個人都擁有獨特的價值，人生也各有精采之處。也是因此，德仔的人際關係沒有被限制在某個特定範圍之內，三教九流的朋友都有，他認為如此才不會讓自己被關在象牙塔裡，而能真實的看見並感受這個世界的原貌。

德仔自此對傳統卡拉OK的環境分外感到親切，每次去都有一種回家的熟悉感覺。那當然不是字面上意義的家，而是像回到了生命中某段重要的回憶場景中。德仔說道，台灣的同志酒吧，許多都是類似的卡拉OK酒店形式，散佈在林森北路條通區一帶，從他二十幾歲至今，也一直將「去酒吧喝酒」當成固定的休閒活動。德仔當年工作的店家早就不存在了，整棟建築都已經剷平重建，他說，在這些酒吧喝酒的客人，喝的通常都不會是甚麼太名貴的酒，包括他自己在內，喝的其實不是酒，而是氣氛與回憶。

莫忘初衷 為所當為

我們問德仔是否有座右銘？他的回答出乎意料之外地傳統：「讀聖賢書，所學何事？莫忘初衷，為所當為。」

「讀聖賢書，所學何事？」德仔說明，這並不是專屬於讀書人應該在乎的，所謂「聖賢」也不僅僅指古代的哲學家或歷史人物們。現代社會教育普及，資訊大量流通，每個人從小到大，都會從課本上、老師的口中，書籍、雜誌、報紙、電視，甚至網路上的文章中學到非常多的「道理」，但我們是如何看待這些道理的呢？

正直、善良、守信、誠實，以至遵守法律、關心弱勢，我們每一個人都懂得許許多多的道理，這些道德規範，大家通常也都贊同，但「知」與「行」之間，因人而異有著很大的落差。許多人即使「知道」某些事應該怎麼做，但實際遇到必須做出抉擇的時候，這些原則總是被簡單地棄置一旁，輕易的做出自己其實在價值上並不認同的行為。

德仔說他並不是認為每個人都得像聖人一樣要求自己，生活中總是充滿無奈，當然有很多不是自己所能選擇的時候。例如在公司裡依主管的要求做事，常常雖然並不認同主管的做法，但出聲反對的話，可能會危及自己的生計或是考績，也只得聽命行事。或是服役的時候面對許多軍中作假陋習，因為整個環境與結構無法靠自己的力量改變，只好昧著良心配合。在這些狀況下，當然沒有必要非得冒著過高的風險貫徹原則不可，但德仔認為雖然這些不可抗力的時刻存在，但並不代表原則就應該直接被完全放棄了，生命裡大部分的其他時刻，都是處在可負擔的成本與風險下的，那麼我們就應該做道理上該做的事。

德仔用智慧財產權舉例，像是關於盜版電影、盜版音樂，絕大多數的人都認同智慧財產權的價值，也都了解如果每個人都下載盜版的電影或音樂，創作者的創作得不到回饋，就沒有人願意再從事創作了。但是，「尊重智慧財產權」這個觀念明明這麼簡單，推行起來卻是困難重重。為自己下載盜版的行為合理化的說法很多，例如「如果下載之後覺得歌很好聽的話，我就會去買原版」，但事實上獲得好評的音樂專輯銷量依然慘不忍睹；或是「我很窮，禁止盜版是有錢人才會說的話」，也沒看到持這種立場的人因為窮而去路邊偷幾輛想要的名車，或是搶幾間銀行來印證他的說法。

德仔認為，下載盜版的行為其實很簡單，就只是貪圖方便，或是貪小便宜而已。人的慾望無窮，有太多我們想要的東西都不見得要得到手，忍受著不開名車、忍受著不穿高價服飾、忍受著不吃高貴料理與在可接受的花費內欣賞音樂或電影，都沒有甚麼無法負擔的成本與風險。如果我們不偷竊或是搶劫不只是為了怕被抓、怕被懲罰，而是把

「不取不義之財」當成一種自己服膺的價值的話，那麼就沒有理由下載盜版創作物。

德仔嚴肅地說，在人生中的大是大非處，因為壓力太大而無法堅守原則，在這些小地方又覺得「不差我一個」、「反正這沒甚麼」，那麼你的整個人生，就都是不斷的在做錯誤的事，而成為大環境持續變差的兇手。相反的，如果大家都能至少在人生中的這許多小地方堅持做正確的事，雖然每個人都只貢獻了一點點，整個社會依然會踏實的變好。

除此之外，德仔認為堅持做對的事不只是為了他人，更重要的是為了讓自己快樂。人一生所追求的，不啻就是物質上與心靈上的快樂，德仔的物質欲望很低，心靈上的快樂對他來說更為重要。德仔說，受到學習辯論影響，他在想買任何東西的時候，都會先思考自己是不是真的需要這件物品，久而久之，他在沒有明確覺得需要某個東西的時候，是不會有任何的消費欲望的。所以德仔從不逛街，他買東西的時候都是在家裡先上網查好要買甚麼，出門便直奔選定的店家，現場確認商品符合自己的需求後便立刻付錢回家，不會在商場裡停留。他不太買衣服，沒有收集東西的嗜好，也沒有任何名牌迷思，除了偶爾會多花點錢吃頓好的之外，物慾很容易被滿足。德仔笑說，他就連出國的時候也幾乎完全不買東西，每次就是帶一個後背包就出國了，旅遊一趟回來，行李通常只會變少，不會變多。由於物慾不高，也沒有太大的經濟壓力，對德仔來說，心靈的滿足就非常重要，而「為所當為」的這個原則，讓他能一直維持正向的情緒狀態，享受人生快樂的那一面。

（二）

然而，如同先前所說，面對人生中的許多決定，該怎麼做才是正確的，其實道理每個人都懂，只是沒有選擇照著道理去做。一個人如果不斷的做自己在價值上其實不認同的事，自然會產生許多不必要的心理壓力，例如懷疑自己是不是個好人，擔心受到別人的指責，嘗試為自己的行為尋找合理化的方法等等。就好像說謊的人必須活在無止境的圓謊人生中一般，這些心理壓力也會如影隨形的跟在人們身邊。德仔說，講白了，這就是「心安理得」的道理，聽起來八股古板，但非常受用，堅守原則的人一開始可能看起來吃了點虧，但換來的心理健康是錢也買不到的。

德仔說，這些處事哲學，他也並不是小時候學到了就一直遵行著，開始發現這麼做真的能讓自己感到快樂，跟學習辯論的經驗也脫不了關係。德仔學的政策性辯論是理性決策的方法，也就是說，在做出任何決定之前，必須要先通過完整的思辯過程衡量將帶來的利益跟弊害，確定真的是利大於弊，是個值得做的選擇之後，才下最後的決定。雖然人不是完美的，這並不能保證我們絕對不會做出錯誤的決定或是判斷失準，但自己至少會很清楚，這已經是在有限的訊息與資源之下，能夠做到的最好選擇了。如此，就算結果並不盡如人意，德仔也不會感到懊悔或是沮喪，而能夠很自在的接受失敗與挫折。德仔覺得，自己的人生到目前為止比起身邊大部分的朋友都來得快樂、幸福，除了真的比別人更幸運了些之外，總是讓自己的心理狀態維持得很健康更是功不可沒。

總結德仔的人生觀，他覺得人不需要完美，每個人都有一籮筐的缺點，也都有自己不可告人的小秘密。有的時候，偶爾厭世，偶爾無傷大雅的享受背德的快感也非常紓壓。但是，如果我們有一天要總結自己的人生，要為自己這個人下一個評語時，能不能夠很有信心地告訴自己：「我是一個善良、正直的好人」呢？如果在大方向上總是朝著正確的方向前進，那麼就可以很有自信地、沒有躊躇與懷疑地讓自己快樂了。

國家圖書館出版品預行編目（CIP）資料

入圍的有－王牌配音員賈培德 / 賈培德作 . -- 初版 . --
臺北市 : 沐風文化 , 2018.01
面；　公分 . -- (Specialist ; 3)
ISBN 978-986-95952-0-9(平裝)

1. 賈培德 2. 回憶錄

783.3886　　　　106024238

Specialist 003

入圍的有－王牌配音員賈培德

口述作者　賈培德
文字協力　沐風文化
編　　輯　黃品瑜
封面設計　無私設計　洪偉傑
內文編排　無私設計　洪偉傑

發 行 人　顧忠華
出　　版　沐風文化出版有限公司
地址：100 臺北市中正區泉州街 9 號 3 樓
電話：02-2301-6364
傳真：02-2301-9641
讀者信箱：mufonebooks@gmail.com
沐風文化粉絲頁：https://www.facebook.com/mufonebooks

總 經 銷　紅螞蟻圖書有限公司
地址：114 臺北市內湖區舊宗路二段 121 巷 19 號
電話：02-2795-3656
傳真：02-2795-4100
服務信箱：red0511@ms51.hinet.net

印　　製　龍虎電腦排版股份有限公司
初版一刷　2018 年 3 月
定　　價　320 元
書　　號　MS003
I S B N　978-986-95952-0-9（平裝）

From——

地址：

寄件人：

To——

沐風文化出版有限公司

100台北市泉州街9號3樓

02-23016364

對折黏貼後，即可直接郵寄

——活動說明——

首先謝謝您購買了《王牌配音員》！

並恭喜此刻看著回函的朋友們，

只需填寫以下資料並將回函剪下寄出，

即可獲得量身訂做德仔親「聲」錄音檔。

請在詳讀以下規範後，盡情發揮自己的想像吧！

※錄音規範如下──

1. 字數：30個字以內，字數可累計。（一本書一張回函30字、兩本書兩張回函60字，以此類推）
2. 語言：國語、台語、英語（但台語及英語不保證發音正確）
3. 內容：無敏感用詞限制，接受任何政治正確與不正確，高低級無上下限之內容，出版社與配音員不對錄製內容負擔任何責任。
4. 此錄音內容不可於公開場合（包含開放網路）播放或傳播，亦不可作為任何廣告或商業利用素材。
5. 若不滿意錄音內容無法修改或重新錄製，出版社對是否接受錄製保有最終裁定權。
6. 本錄音檔案所有內容，及所有經沐風文化出版有限公司所策劃、製作置於本錄音檔案內容均受著作權及其他智慧財產權所保護，且均為沐風文化出版有限公司或其權利人所有，除事先經沐風文化出版有限公司或其權利人之合法授權外，未經沐風文化出版有限公司書面授權，均不得對本錄音檔案內容基於商業用途或發行之目的進行重製、散佈，亦不得修改或轉載至其他網站，或以其他任何形式、基於任何目的加以使用，否則應自負所有法律之責任 。

──回函資料填寫──

姓名：______________________

聯絡電話：______________________

聯絡地址：______________________

E-mail：______________________

指定錄音內容（30字內）：______________________

____

____

____

感謝你購買此書，未來也請您多多支持沐風文化！